夜空中最亮的星

这个世界是
有趣的

总策划：陈彤
主编：刘明清 孟波
编委：张蕾 董巍 韩慧强 董明 张翔
腾歌 郁致原 张佳怡 王媛媛 陈昭君

中央编译出版社
Central Compilation & Translation Press

《此间中国——新浪博客八年文章精选》书系序言

不知不觉中,新浪博客已陪伴全球华人网友走过8年多的历程。我一直在想,是时候用某种方式做一个回眸了。博客实际上是信息时代下,传统中文书写在互联网上的延伸,网络喧嚣的背后,最终被人记住的还是那些隽永的语句和深邃的思想,所以没有什么比为博客做一套传统出版物更合适的纪念方式了。我们和中央编译出版社定而后求,出版了这套《此间中国——新浪博客八年文章精选》。

《此间中国》,为什么给这套书取了这个名字?吉光片羽,雪泥鸿爪。新浪博客就是当下中国的一个切片。新浪博客覆盖3亿人,月活跃用户1.5亿,总文章数已超过了14亿,相当于每个中国人都写过一篇新浪博客。在这里,海内外学术大家可以展示自己的思想;多产的作家可以连载自己的作品;专业的美食家推荐珍馐异馔;走遍世界的摄影师展示自然之美;年轻的妈妈晒孩子每一天的变化;可爱的小学生们用博客给老师交周记……新浪博客早已不是单纯的一个互联网产品,她已成为全球华人的网上家园、人文渊薮。

这套书一共有四册,综合、学术、历史、财经。分别对应博客文章中最具思想价值的四个类别:时政评论、学术文章、历史小品、财经评论。我们选文的标准是:名家所写,文章精彩,有现实意义,能流传后世。首先,名家所写是对本书质量的第一重保障,只有在自己领域造诣颇深的鸿儒硕学才会入选;第二,文章精彩,指一定要是这个名家的压卷之作,同时立意和篇幅都要符合全书的规范;第三,有现实意义,当下中国最有价值的作品一定是反应社会现实的;第

四、能流传后世，我们更愿意收录一些可以沉淀下来的、深刻的作品。

这套书的出版，首先我要感谢给我们授权的各位作者，是你们日复一日、年复一年的辛勤写作，为新浪的平台提供了这么多好的内容。对于每个国家而言，最可宝贵的财富都是那些民族的智者，而我们的各位作者就是我们民族的智者，是你们用深邃的洞见启迪着整个国家的读者。传播好你们的思想是我们义不容辞的责任。

然后我要感谢我的运营团队。曾几何时，网络编辑被讥讽为一个"劳动密集型"岗位，你们或许得不到职业共同体的高度认可。但是，作为中国网络媒体发展的见证者之一，我要说这毫无疑问是一种歧见。在中国传媒的现实语境下，网络媒体和其他媒体各有分工，各司其职，各具所长，各享精彩。你们的工作所表现出来的创造性和专业性丝毫不亚于传统媒体，你们和传统媒体一起推动了时代进步和社会发展。感谢你们的辛勤劳动，事实上我们每一天都在见证历史、创造历史。

同时我要感谢中央编译出版社的领导和各位编辑，是你们给了我们这个"为自己八年的努力"做个总结的契机。感谢你们专业的态度和孜孜以求的工作，为了能让本书及时与读者见面，感谢你们在这么短的时间内，如此高质量地完成这么大的工作量。

最后，我要感谢最重要的人——新浪博客的每一位用户。我们所做的一切努力和坚持，其实都是为了得到你们的认可。我们推荐每一篇文章，实际上都抱着"妆罢低声问夫婿，画眉深浅入时无？"的情感，像新妇对郎君一样，惴惴不安地期望得到用户的认可。希望新浪博客的每一位用户都能一如既往的支持我们，同样也希望你们能喜欢这套书。

新浪网总编辑　陈彤
2013年11月11日

博客：中国思想市场的重要策源地

前不久（2013年9月2日），在美国芝加哥仙逝的制度经济学大师、诺贝尔经济学奖（1991年）得主科斯教授生前（2011年12月）曾经尖锐地指出，缺乏思想市场是中国经济险象丛生的根源。科斯在与王宁教授（执教于美国亚利桑那州立大学）合著的《变革中国》一书中，他也特别谈到了中国正是因为缺乏自由的思想市场直接导致了科技创新乏力。

其实不用科斯来批评，我们自己也会知道中国无论是传统的过去还是现在，思想市场一直都是稀缺的，而且是被强力压制的。秦始皇搞"焚书坑儒"，汉武帝搞"罢黜百家、独尊儒术"，乾隆搞"文字狱"，乃至20世纪六七十年代的"文化大革命"，无不是以摧残思想市场、钳制自由声音为目的，导致的最终结果是专制、黑暗的封建帝制竟在我们这个民族存在了2133年（公元前221—公元1911年），为世界各民族文明历史所罕见。即使到了21世纪的今天，落后、腐朽的封建传统思维，仍然在我们许多人特别是个别领导干部中存在着，其主要表现便是循规蹈矩、因循守旧、拒绝创新、害怕异端。前几年曾经一度被媒体热议的"钱学森之问"，其实和科斯对我们的批评几乎是完全一致的，没有自由的思想市场，不发展思想市场，不保护思想市场，不仅科技创新难，经济发展也会受到阻碍，民生福祉难以保障，恐怕我们民族的明天也不会有多美妙了。

因此无论是科斯的坦率批评，还是我们自己人——钱学森先生的诘问，毫无疑问是需要我们今天的执政者和民众做深入反省的。但是，我个人也很愿

这个世界是有趣的

意说一说问题的另一方面。众所周知，中国自上世纪70年代末开始，仅用了30几年的时间，不仅经济迅猛崛起，而且人民福祉也有了显著的提升。对于中国崛起背后原因的解读其实是有着巨大分歧的：首先是官方主流的解读，长时间认为是"中国模式"的成功，即归结为依靠政府有形之手强力推动经济发展的结果（以薄熙来的"重庆模式"为突出代表）——当然，刚刚结束的中共十八届三中全会似已修正了看法，即重新明确了走已故领导人邓小平开创的市场化取向的改革道路；另外的看法则认为，中国崛起就是因为执政党和政府勇敢摆脱了毛泽东僵化封闭的计划体制，在一定程度上放松了对经济的过度管制，让市场经济有了长足发展的空间，交还给企业和公民一部分自由权利，进而为中国社会提供了进步的动力。我自己自然一向是持后一种看法的。同时，我也认为，尽管30多年来中国的思想市场还没有像经济市场一样获得广阔的自由发展空间，甚至依然受到某种程度的抑制或者压制，但不能说没有任何进步——因为经济改革必然伴随着思想的解放，没有思想的解放，经济改革每前进一步都是不可想象的。回想我们70年代末的改革起步，如果没有之前思想理论界发动的"真理标准的大讨论"，又怎么可能有中共十一届三中全会的"工作重心"向经济领域"转移"呢？90年代之后，有关市场经济体制目标的确立，如果没有邓小平南方谈话所引发的第二次思想解放，同样也是不可能实现的。进入新世纪后，中国经济全面崛起、国力迅速增强，在我看来，既是市场经济体制建立的必然结果，同时也有赖于我们思想市场的不断发育——虽然很弱小、很扭曲、很困难，但却是极其顽强地成长着。

可以确信的是，中国思想市场发育的春天已经越来越近了！对此我从未彻底悲观过，相反一直持较乐观的态度，这是因为我们人类已经进入了一个全新的时代——互联网时代。伟大的互联网极大地改变了世界（地球正变成地球村）、改变了社会（走向开放民主），更改变了我们的生活（网络成为工作生活的组成部分）。尤其是在2001年9月11日，美国世贸大楼遭遇恐怖袭击，博

博客：中国思想市场的重要策源地

客成为了重要信息来源。从此，博客正式步入了世界主流社会的视野。博客在中国的兴起，似与2003年木子美事件（其在个人博客上发表性爱日记引起社会关注），才让中国民众了解到了博客，并运用博客。2005年，国内各大门户网站，如新浪、搜狐等纷纷加入了博客阵营。特别是新浪博客，由于其在较短时间内网罗了中国最优秀的学者、作者、明星开博，而迅速崛起，成为了中国大陆最主流的博客网站。

由于博客具有"自媒体"的特点，她可以让每一个人都有条件成为思想者、表达者、传播者；同时让那些宝贵的、有价值的思想观点，在自由讨论中、自由争鸣中、自由传播中走入民众的心田。在博客出现前，人们只能在传统媒体上（报纸、图书、电台、电视）表达思想、阐述观点——不仅常常受到审查的限制，传播范围也是有限的，更不可能即时传播，而且还只能是少数社会精英才有机会。博客则彻底打破了传统媒体的藩篱与弊端，真正把言论自由、思想自由的权利交还给了普罗大众。对于我们这样一个刚刚走向民主开放的国家，很显然互联网博客责无旁贷地成为了我们思想市场最重要的策源地之一。

我个人的博客经验开始于2004年，即非典过后的第二年。某天当自己笨拙地将个人文章发布到网上时，看到有熟悉的旧友，当然更多的是陌生的网友回复评论，油然产生了久违的幸福感觉。记忆中最深刻的一件事，则是自己写的一篇怀念风入松书店创办人王炜老师的博文，被一位同行读到（我自己也供职于出版机构）并选入了出版的书籍《长歌唱罢风入松》（纪念王炜文集）。

毫无疑问，直到今天，中国影响力最大、最棒的博客仍然是"新浪博客"，在那里聚集了最敏锐的学者、最大牌的明星、最勤奋的写手，每时都有观点交锋、思想激荡、学术讨论，每天都为全球华人所瞩目。八年多的斗转星移，中国思想市场中最耀眼的那一颗星星还是新浪。中央编译出版社一向以"思想文化的摆渡者——在东西方之间"作为自己的神圣使命，在即将迎来建

这个世界是有趣的

社20周年之际,非常荣幸与新浪网亲密联手合作出版这套"此间中国——新浪博客八年文章精选"。分享,是互联网本质,也是出版的本质。现在我们有机会与读者朋友们一起分享好思想、好文章、好文字、好意境,是一件多么快乐而有意义有价值的事情!

当然更有意义有价值的是,我们的工作或许能为今天中国的思想市场的繁荣发展起一点点微小的传播作用。想到此,不禁再次让我拥有了某种幸福充实的感觉。谢谢各位。

中央编译出版社总编辑 刘明清

2013年11月22日

目 录

《此间中国——新浪博客八年文章精选》书系序言　　1
博客：中国思想市场的重要策源地　　3

暖风

会思想的芦苇（傅佩荣）　　001
一滴水经过丽江（阿来）　　003
致大海（冯骥才）　　007
村上春树喜欢什么样的女性（林少华）　　014
孙中山与宋庆龄婚事的背后（金满楼）　　016
明十三陵风水之谜（岳南）　　021
周有光的智慧（解玺璋）　　028
吃吃喝喝的民主（熊培云）　　031
马云告诉了我们什么（石述思）　　039
我师萧乾（唐师曾）　　042
乔布斯咬了上帝的苹果（朱大可）　　054

润

猫的喜剧（马未都）	058
咸菜（马未都）	060
曹雪芹的奇迹（张颐武）	062
文学对生活有影响力吗？（阿来）	065
一粒怪异的种子（詹国枢）	069
文化气质与文化血型（易中天）	071
我的军艺老同学莫言（黄献国）	078
朱自清不是饿死的（智效民）	080
"剩"者为王（冯仑）	083
中国人的良心问题：不做"吃米饭的机器人"（徐贲）	088
中国最艰难的事业是改革和创新（公方彬）	093

目录

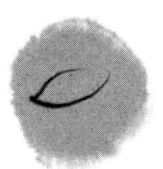

清秋

秋思——房龙的《宽容》（傅佩荣）	097
太平洋的风（韩寒）	100
看守高粱地（周有光）	104
从绅士风格谈起（傅佩荣）	106
鼓掌是一种社会传染病（徐贲）	111
衣上酒痕诗里字（安意如）	114
人间久别不成悲（安意如）	118
真实的慈禧太后：贡献、幸运与悲凉（马勇）	123
中南海曾经是公园（智效民）	135
重建塑像或重塑精神（许小年）	138
信仰的价值（星云大师）	141

冬雨

最差的世界（傅佩荣）	148
认识"缘"的妙趣（依空法师）	150
彼得堡印象（止庵）	157
我所理解的生活（韩寒）	160
无题（韩寒）	164
修鞋（马未都）	166
"痴"与"才"：追怀周汝昌先生（张颐武）	168
职业战地记者之王拉赛尔（展江）	173
"神探"狄仁杰的从政史（金满楼）	180
历史学的意义（马勇）	185
画到胡子白了——宫崎骏是怎样炼成的（萨苏）	189

暖　风

会思想的芦苇

傅佩荣

"人只不过是大自然中最柔弱的芦苇,但他是会思想的芦苇。"这是近代法国哲人帕斯卡的一句名言。芦苇极易受到风雨摧折,正如人之难免老病衰亡。但是人能够"思想",由此却改变了一切,宇宙虽大,可以容纳于我心中之一念,历史虽久,可以涵摄于我当下之所觉。人生之路,道阻且长,唯有思想可以焕发光明,烛照生命意义,展示生命境界。

然而,思想能力若是未经深化、锐化,并予以系统之锤炼,终究难以突破个人在时空上所受限制以及杂沓流变的事项之迷惑。培养独立的思考与判断,一向是教育的主要目标,因为那正是使一个人认识自己,因此成为自己的先决条件。人一旦认识自己,就会发现他的本质在于创新,因此成为自己就是超越自己,提升自己,实现更完美的生命。

同时,人又不是孤独的,他对自我的认识、超越、提升、实现,若是脱离了人群脉络,将无法定位也无从印证。此所以真正的思想必是人道主义者。思想绝不仅仅是一种方法或工具，它本身随着情感的跃动与意志的向往，会自然而然地显示一种合乎人性的评价作用，进而点明正确的抉择与行动。

由这观点来看，我国儒家的良知说对于人性之理解，有其独到而高明之处，"良知"既有"知"，自不能离思想而运作；同时"良知"的"良"字也暗示了人生应行之道。只要真诚地面对自己，让思想摆脱外在环境及名利权利的干扰，则人生方向不难豁然开朗。英国诗人济慈说："真即是美，美即是真。"希腊哲学家柏拉图则以美善原本为一。在儒家看来，则美善同源于真，因此肯定"诚"为一切教化之基础。

暖风

一滴水经过丽江

阿　来

　　我是一片雪，轻盈地落在了玉龙雪山顶上。

　　有一天，我醒来，发现自己变成了坚硬的冰。和更多的冰挤在一起，缓缓向下流动。在许多年的沉睡里，我变成了玉龙雪山冰川的一部分。我望见了山下绿色的盆地——丽江坝。望见了森林，田野和村庄。张望的时候，我被阳光融化成了一滴水。我想起来，自己的前生，在从高空的雾气化为一片雪，又凝成一粒冰之前，也是一滴水。

　　是的，我又化成了一滴水，和瀑布里另外的水大声喧哗着扑向山下。在高山上，我们沉默了那么久，终于可以敞开喉咙大声喧哗。一路上，经过了许多高大挺拔的树，名叫松与杉。还有更多的树开满鲜花，叫做杜鹃，叫做山茶。经过马帮来往的驿道，经过纳西族村庄里的人们，他们都在说：丽江坝，丽江坝。那真是一个山间美丽的大盆地。从玉龙雪山脚下，一直向南，铺展开去。视线尽头，几座小山前，人们正在建筑一座城。村庄的里的木匠与石匠，正往那里出发。后来我知道，视野尽头的那些山叫做象山，凤凰山；更远一点，叫做笔架山。后来，我知道，那时是明代，纳西族的首领木氏家族率领百姓筑起了名扬世界的四方街。四方街筑成后，一个名叫徐霞客的远游人来了，把玉龙雪山写进了书里，把丽江古城写进书里，让它们的名字四处流传。

我已经奔流到了丽江坝放牧着牛羊的草甸上，我也要去四方街。

但是，眼前一黑，我就和很多水一起，跌落到地底下去了。丽江人把高山溪流跌落到地下的地方叫做落水洞。落水洞下面，是很深的黑暗，曲折的水道，安静的深潭。在充满寂静和岩石的味道的地下，我又睡去了。

再次醒来，时间又过去了好几百年。

我是被亮光惊醒的，我和很多水从象山脚下的黑龙潭冒出来，咕咚一声翻上水面，看见很多不同模样的人。黑头发的人，黄头发的人。黑眼睛的人，蓝眼睛的人。我看见了潭边的亭台楼阁，看见了花与树。我还顺着人们远眺的目光看见了玉龙雪山，晶莹夺目矗立在蓝天下面。潭水映照雪山，真让人目眩神迷啊。人们在桥上，在堤上，说着不同的语言。在不同的语言里，都有那个词频频出现：丽江，丽江。这时的丽江已经是一座很大的城了。城里也不是只有最初筑城的纳西人了。如今全中国全世界的人都要来丽江，看纳西古城的四方街，看玉龙雪山。

我记起了跌进落水洞前的心愿：也要流过四方街。

顺着玉河，我来到了四方街前。

进城之前，一道闸口出现在前面。过去，把水拦在闸前，是为了在四方街上的市集散去的黄昏，开闸放水，古城的石头街道上，水流漫溢，洗净了街道。今天，一架大水车来把我们扬到高处，游览古城的人要把这水车，和清凉的水作一个美丽的背景摄影留念。我乘水车转轮缓缓升高，看到了古城，看到了凤凰山上苍劲的老柏树，看到了依山而起重重房屋，看见了顺水而去的蜿蜒

暖风

老街。古城的建筑就这样依止于自然，美丽了自然。

从水车上哗然一声跌落下来，回到了玉河。在这里，我有些犹豫。因为河流将要一分为三，流过古城。作为一滴水，不可能同时从三条河中穿越同一座古城。因此，所有的水，都在稍作徘徊时，被急匆匆的后来者，推着前行。来不及作出选择，我就跌进了三条河中的一条，叫做中河的那一条。

我穿过了一道又一道小桥。

我经过叮叮当当敲打着银器的小店。经过挂着水一样碧绿的翡翠的玉器店。经过一座院子，白须垂胸的老者们，在演奏古代的音乐。经过售卖用纳西族的东巴象形文字的字画店。我想停下来看看，东巴文的"水"字是怎样的写法。但我停不下来，没有看见。我确实想停下来，想被掺入砚池中，被醮到笔尖，被写成东巴象形文的"水"，挂在店中，那样，来自全世界的人都看见我了。在又一座桥边，一个浇花人把手中的大壶没进了渠中。我立即投身进去，让这个浇花的妇人，把我带进了纳西人三坊一照壁的院子。院子里，兰花在盛开。浇花时，我落在了一朵香气隐约的兰花上。我看到了，楼下正屋，主人一家在闲话。楼上回廊，寄居的游客端着相机在眺望远山。楼上的客人和楼下的主人大声交谈。客人问主人当地的掌故。主人问客人远方的情形。太阳出来了，我怕被迅速蒸发，借一阵微风跳下花朵，正好跳回浇花壶中。

黄昏时，主人再去打水浇花时，我又回到了穿城而过的水流之中。这时，古城五彩的灯光把渠水辉映得五彩斑斓。游客聚集的茶楼酒吧中，传来人们的欢笑与歌唱。这些人在自己所来的远处地方，即便是寂静时分，内心也很喧哗。在这里，尽情欢歌处，夜凉如水，他们的心像一滴水一样晶莹。

好像是因为那些鼓点的催动，水流得越来越快。很快，我就和更多的水一起出了古城,来到了城外的果园和田地里。一些露珠从树叶上落下,加入了我们。在宽广的丽江坝中流淌,穿越大地时,头顶上是满天星光。一些薄云掠过月亮时,就像丽江古城中,一个银匠,正在擦拭一只硕大的银盘。

  黎明时分,作为一滴水,我来到了喧腾奔流的金沙江边,跃入江流,奔向大海。我知道,作为一滴水,我终于以水的方式走过了丽江。

致大海

——为冰心送行而作

冯骥才

今天是给您送行的日子,冰心老太太!

我病了,没去成,这也许会成为我终生的一个遗憾。但如果您能听到我这话,一准会说:"是你成心不来!"那我不会再笑,反而会落下泪来。

十点钟整,这是朋友们向您鞠躬告别的时刻,我在书房一片散尾竹的绿影里跪伏下来,向着西北方向——您遥远的静卧的地方,恭敬地磕了三个头。然后打开音乐,凝神默对早已备置在案前的一束玫瑰。当然,这就是面对您。本来心里缭乱又沉重,但渐渐的我那特意选放的德彪西的《大海》发生了神奇的效力,涛声所至,愁云扩散。心里渐如海天一般辽阔与平静。于是您往日那些神气十足的音容笑貌全都呈现出来,而且愈来愈清晰,一直逼近眼前。

我原打算与您告别时,对您磕这三个头。当然,绝大部分人一定会诧异于我何以非要行此大礼。他们哪里知道这绝非一种传统方式,一种中国人极致的礼仪,而是我对您特殊的爱的方式,这里边的所有细节我全部牢牢记得。

八十年代末,一个您生命的节日——十月五日。我在天津东郊一位农人家中,听说他家装了电话,还能挂长途,便抓起话筒拨通了您家。我对着话筒大

这个世界是有趣的

声说：

"老太太，我给您拜寿了！"

您马上来了幽默。您说："你不来，打电话拜寿可不成。"您的口气还假装有点生气。但我却知道在电话那端，您一定在笑，我好像看见了您那慈祥的并带着童心的笑容。

为了哄您高兴。我说："我该罚，我在这儿给您磕头了！"

您一听果然笑了，而且抓着这个笑话不放，您说："我看不见。"

我说："我旁边有人，可以作证。"

您说："他们都是你一伙的，我不信。"

本来我想逗您乐，却被您逗得乐不可支。谁说您老，您的机敏和反应能超过任何年轻人。我只好说："您把这笔账先记在本子上。等我和您见面时，保证补上。"

这便是磕头的来历，对不对？从此，它成了每次见面必说的一个玩笑的由头。只要说说这个笑话，便立即能感受到与您之间那种率真、亲切、又十分美好的感觉。

大约是九二年底，我在中国美术馆举办画展期间，和妻子顾同昭，还有三两朋友一同去看您。那天您特别爱说话，特别兴奋，特别精神；您一向底气深厚的嗓音由于提高了三度，简直洪亮极了。您说，前不久有一位大人物来看您，说了些"长寿幸福"之类吉祥话。您告诉他，您虽长寿，却不总是幸福的。您说自己的一生正好是"酸甜苦辣"四个字。跟着您把这四个字解释得明白有力，铮铮作响。

您说，您的少时留下许多辛酸——这是酸；青年时代还算留下一些甜美的回忆——这是甜；中年以后，"文革"十年，苦不堪言——这是苦；您现在老了，但您现在却是——"姜是老的辣"。当您说到这个"辣"字时，您的脖子一梗。我便看到了您身上的骨气。老太太，那一刻您身上真是闪闪发光呢！

暖风

这话我当您的面是不会说的。我知道，您不喜欢听这种话，但我现在可以说了。

记得那天，您还问我："要是碰到大人物，你敢说话吗？"没等我说，您又进一步说道，"说话谁都敢，看你说什么。要说别人不敢说、又非说不可的话。冯骥才——你拿的工资可是人民给的，不是领导给的。领导的工资也是人民给的。拿了人民的钱就得为人民说话，不要怕！"

说完您还刻意地看了我一眼。

老太太，您这一眼可好厉害。您似乎要把这几句话注入我的骨头里。但您知道吗？这也正是我总愿意到您那里去的真正缘故。

我喜欢您此时的样子，很气概，很威风，也很清晰。您吐字和您写字一样，一笔一画，从不含混。您一生都明达透彻，思想在脑海里如一颗颗美丽的石子沉在清亮见底的水中。您享受着清晰，从来不委身于糊涂。

再说那天，老太太！您怎么那么高兴。您把我妻子叫到跟前，您亲亲她，还叫我也亲亲她。大家全笑了。您把天堂的画面搬到大家眼前，融融的爱意使每一个人的心情都充满美好。于是在场朋友们说，冯骥才总说给冰心磕头拜寿，却没见过真的磕过头。您笑嘻嘻地说我："他是个口头革命派！"

我听罢，立即趴在地上给您磕了三个头。您坐在轮椅上无法阻拦我，但我听见您的声音："你怎么说来就来。"等我起身，见您被逗得正在止不住地笑，同时还第一次看到您挺不好意思的表情。我可不愿意叫您发窘。我说："照老规矩，晚辈磕头，得给红包。"

您想了想，边拉开抽屉，边说："我还真的有件奖品给你。今年过生日时，有人给我印了一种寿卡，凡是朋友们来拜寿，我就送一张给他作纪念。我还剩点儿，奖给你一张吧！"

粉红色的卡片精美雅致，名片大小，上边印着金色的寿字，还有您的名字与生日的日子。卡片的背面是您手书自己的那句座右铭："有了爱便有了一切。"

您说，这寿卡是编号的，限数一百。您还说，这是他们为了叫您长命百岁。

我接过寿卡一看，编号77，顺口说："看来我既活不到您这分量，也活不到您这岁数了。"

您说："胡说。你又高又大，比我分量大多了。再说你怎么知道自己不长寿？"

我说："编号一百是百岁，我这是77号，这说明我活77岁。"

您嗔怪地说："更胡说了。拿来——"您要过我手中的寿卡，好像想也没想，拿起桌上的圆珠笔在编号每个"7"字横笔的下边，勾了半个小圈儿，马上变成99号了！您又写上一句："骥才万寿，冰心，1992.12.20"。

大家看了大笑，同时无不惊奇。您的智慧、幽默、机敏，令人折服。您的朋友们都常常为此惊叹不已！尽管您坐在轮椅上，您的思维之神速却敢和这世界上任何人赛跑。但对于我，从中更深深的感动则来自一种既是长者又是挚友的爱意。可使我一直不解的是，您历经那么多时代的不幸，对人间的诡诈与丑恶的体验较我深切得多。然而，您为何从不厌世，不避世，不警惕世人，却对人们依然始终紧拥不弃，痴信您那句常常会使自己陷入被动的无限美好的格言"有了爱便有了一切"？这到底是为了一种信念，还是一种天性使然？

我想到一件更远的事。

那时吴文藻先生还在世。那天是您和吴先生金婚的纪念日。我和楚庄、邓伟志等几位文友去看您。您那天新裤新褂，容光焕发；您总是这么神采奕奕，叫人家无论碰到怎样的打击也无法再垂头丧气。

那天聊天时，没等我们问您就自动讲起当年结婚时的情景。您说，您和吴文藻度蜜月，是相约在北京西山的一个古庙里。

您当时的神气真像回到了六十年前——

暖风

您说,那天您在燕京大学讲完课,换一件干净的蓝旗袍,把随身用品包一个方方正正的小布包,往胳肢窝里一夹就去了。到了西山,吴文藻还没来——说到这儿,您还笑一笑说:"他就这么糊涂!"

您等待时间长了,口渴了,便在不远的农户那儿买了几根黄瓜,跑到井边洗了洗,坐在庙门口高高的门槛上吃黄瓜,一时引得几个农家的女人来到庙前瞧新媳妇。这样直等到您的新郎吴文藻姗姗来迟。

您结婚的那间房子是庙里后院的一间破屋,门关不上,晚上屋里经常跑大耗子,桌子有一条腿残了,晃晃当当。"这就是我们结婚的情景。"说到这儿,您大笑,很快活,弄不清您是自嘲,还是为自己当年的清贫又洒脱而洋洋自得。这时您话锋一转,忽问我:"冯骥才,你怎么结的婚?"

我说:"我还不如您哪。我是'文革'高潮时结的婚!"

您听了一怔,便说:"那你说说。"

我说那时我和未婚妻两家都被抄了,结婚没房子,街道赤卫队队长人还算不错,给我们一间几平米的小屋。结婚那天,我和我爱人的全家去了一个小饭馆吃饭。我父亲关在牛棚,母亲的头发被红卫兵铰了,没能去。我把劫后仅有的几件衣服叠了叠,放在自行车后车架上,但在路上颠掉了,结婚时两手空空。由于我们都是被抄户,更不敢说"庆祝"之类的话,大家压低嗓子说:"祝贺你们!"然后不出声地碰一下杯子。

饭后我们就去那间小屋。屋里空荡荡,四个房角,看得见三个。床是用砖块和木板搭的。要命的是,我这间小屋在二楼,楼下是一个红卫兵"总部"。他们得知楼上有两个狗崽子结婚,虽然没上来搜查盘问,却不断跑到院里往楼上吹喇叭,还一个劲儿打手电,电光就在我们天花板上扫来扫去。我们便和衣而卧。我爱人吓得靠在我胸前哆嗦了一个晚上。"这就是我们的新婚之夜!"我说。

我讲述这件事时,您听得认真又紧张。我想完事您一定会说出几句同情的话来。可是您却微笑又严肃地对我说:"冯骥才,你可别抱怨生活,你们这样的结婚才能永远记得,大鱼大肉的结婚都是大同小异,过后是什么也记不住的。"

您的话使我出其不意。

一下子,您把我的目光从一片荆棘的困扰中引向一片大海。

哎哎,您没有把我送给您那幅关于海的画带走吧?

那幅画我可是特意为您画得那么小,您的房间太窄,没有挂大画的墙壁。但是您告诉我:"只要是海,都是无边的大。"

我把您那本译作《先知》的封面都翻掉了。因此我熟悉您这种诗样的语言所裹藏的深邃的寓意。我送给您一幅画,您送给我这一句话。

我在那幅蓝色的画里,给您画了许多阳光;您在这个短句中,给了我无尽的放达的视野。

在与您的交往中,我懂得了什么是"大"。大,不是目空一切,不是作宏观状,不是超然世外,或从权力的高度俯视天下。人间的事物只要富于海的境界都可以既博大又亲近,既辽阔又丰盈。那便是大智、大勇、大仁、大义、大爱,与正大光明。

德彪西的《大海》全是画面。

被狂风掀起的水雾与低垂的阴云融成一片;雪色的排天大浪迸溅出的全是它晶莹透明的水珠。一束夕照射入它蓝幽幽的深处,加倍反映出夺目的光芒。瞬息间,整个世界全是细密的迷人的柔情的微波。大海中从无云影,只有阳光。这因为,它不曾有过瞬息的静止;它永远跃动不已的是那浩瀚又坦荡的生命。

这也正是您的海。我心里的您!

我忽然觉得,我更了解您。

我开始奇怪自己,您在世时,我不是对您已经十分熟悉与理解了吗?但为

暖风

什么，您去了，反倒对您忽有所悟，从而对您认识更深，感受也更深呢？无论是您的思想、气质、爱，甚至形象，还有您的意义。这真是个神奇的感觉！于是，我不再觉得失去了您，而是更广阔又真切地拥有了您；我不再觉得您愈走愈远，却感到您从来没有像此刻这样的贴近。远离了大海，大海反而进入我的心中。我不曾这样为别人送行过。我实实在在是在享受着一种境界；并不知不觉在我心里响起少年时代记忆得刻骨铭心的普希金那首长诗《致大海》的结尾：

> 再见吧，大海！我永远不会
> 忘记你庄严的容光，
> 我将久久地久久地听着，
> 你黄昏时分的轰响；
> 我的心将充满了你，
> 我将把你的山岩，你的海湾，
> 你的光和影，你浪花的喋喋，
> 带到森林，带到寂寞的荒原。

1999.3.19 深夜·天津

这个世界是有趣的

村上春树喜欢什么样的女性

林少华

　　闲来翻看村上同读者之间的伊妹儿通讯，发现日本读者的提问真是五花八门。有的问有外遇和一夜风流的区别，有的问持续当女孩儿的条件，有的问村上是不是"恋爱至上主义者"。而村上对这些提问并不虚晃一枪落荒而逃，而大多以其特有的幽默认真回答。例如一位女职员问村上喜欢哪一类型女性，村上说他欣赏"好像没有浆磨过的、款式简洁又有档次不俗的白色棉质衬衫那样的人"。这个村上式回答倒也不令人费解，但我总想进一步探个究竟。后来翻译这本名叫《村上朝日堂是如何铸造的》随笔集时终于如愿以偿。他在书中明确表示："我觉得自己不至于为长相端庄的所谓美人型女子怎么动心。相对说来，还是喜欢多少有点破绽的有个性的脸庞——有一种气势美。"并进一步交待说"漫长的人生当中也并非没有电光石火般的戏剧性邂逅，准确说来有过两次。"至于这两次具体有何作为，我就不想点破了，还是请读者自己在这本书里慢慢查看为好。

　　不过总的说来，村上的日常生活也是相当单调的，如他自己所说："小说家的一天是极其平凡而单调的玩意儿。一边吭哧吭哧写稿一边用棉球签掏耳朵时间里一天就一忽儿过去了。"不同的是，一般人掏完就完了，而村上不一样，能从中掏出哲学来。他最推崇毛姆的这样一句话："即使剃刀里也有哲

暖风

学"。凡事皆有哲学——这是村上一个极为宝贵的人生姿态。这使他在庸常的生活当中脑袋上始终架起高度敏感的天线,随时捕捉纵使微乎其微的信息并从中析缕出哲理性。

与此同时,村上还颇有温情和爱心,这使他的随笔蕴含一种悲悯性。村上养的一只名叫缪斯的猫有个奇怪的习惯,产崽必让村上握住爪子。"每次阵痛来临要生的时候就'喵喵'叫着懒洋洋歪在我怀里,以仿佛对我诉说什么的神情看我的脸。无奈,我就说道'好、好'握住猫爪。猫也当即用肉球紧紧回握一下。"产崽时,"我从后面托着它握住两爪。猫时不时回头以脉脉含情的眼神盯住我,像是在说'求你哪也别去,求你了'……从最初阵痛到产下最后一只大约要两个半小时。那时间里我就得一直握住猫爪四目相视。"

可以说,个人性是其随笔的"看点",哲理性是随笔的基石,悲悯性是其随笔的灵魂。

孙中山与宋庆龄婚事的背后

金满楼

孙中山的早期婚恋史

众所周知,孙中山先生是职业革命家,终其一生,漂泊不定,其婚姻生活也与常人迥异。早在1885年,尚未投身革命的孙中山即奉父母之命、媒妁之言娶同乡卢耀显之女卢慕贞为妻。结婚7年后,生子孙科,后又有二女出生。

作为中国传统妇女,卢慕贞的文化程度不高,她像当时的一般妇女一样,一心希望丈夫能读书做官或者经商致富,她要的是安分守己、家庭安定,对于孙中山来去奔波,尽忙些"造反"的"勾当",卢慕贞很不理解也不赞成,并将之视为累及家人的危险之举。

由此,两人不仅在理想志向、生活情趣等诸多方面格格不入,而且因为孙中山常年在各地鼓动革命,卢慕贞的大部分时间都是带着孩子依附孙中山的长兄孙眉在檀香山生活,在很长一段时间里,两人聚少离多,徒有夫妻之名分。

鲜为人知的是,孙中山其实还有另一个妾侍,即陈粹芬。据《香山孙氏族谱》记载,陈粹芬原名香菱,又名端芬,生于1874年(比孙中山小12岁),卒

暖风

于1962年,当时是孙中山在香港西医书院读书之时(1891年),通过好友陈少白介绍认识的。

陈粹芬出生于香港新界屯门,她的文化程度也不高,但其为人聪敏,性格刚毅,她倒是愿意追随孙中山进行革命。孙中山在日本、南洋各地奔走策动革命的时候,都有她的身影相伴。事实上,当时很多老同盟会员都见过陈粹芬,因为她经常为往来的同志洗衣做饭,甚至承担传递信息等危险工作,广东籍的革命党人还亲切的称她"陈四姑"。在与孙中山十多年的相伴中,"陈四姑"的勤劳、勇敢、任劳任怨,是为革命同志所称道的。

1910年间,陈粹芬因患肺病而返回香港疗养,后来便隐居在澳门和中山石岐。长期以来,孙眉等孙家人都一直把她作为家庭成员加以善待,陈粹芬去世后,也被安葬于孙中山的老家翠亨村北山脚下。过去的史书多"为尊者讳",以伟人有妾而影响"神圣之光环",其实大可不必,以当时的时代,如此之事实属常见。

孙中山与宋庆龄的结合

说起孙中山与宋庆龄之间的这段姻缘,还得从宋庆龄的父亲宋嘉树(即宋耀如)说起。宋嘉树,字耀如,生于1864年,海南文昌人,12岁赴美国学徒,后进入神学院学习并成为职业牧师。值得一提的是,宋嘉树虽然是传教士,但暗地里却倾心革命,后来也就成为孙中山的坚定追随者。

宋嘉树共有六个子女(即宋蔼龄、宋庆龄、宋子文、宋美龄、宋子良、宋子安),其中宋蔼龄、宋庆龄及宋美龄即民国历史上著名的"宋氏三姐妹"。1912年,在孙中山担任临时大总统的时候,大姐宋蔼龄曾担任孙中山的英文女秘书,协助处理英文信件等事务。"二次革命"失败后,宋嘉树夫妇与宋蔼龄均来到日本,继续追随孙中山。但没过不久,宋蔼龄因与孔祥熙结婚而返回国内，而这时正好二妹宋庆龄刚从美国威斯里安女子学院毕业归来，于是宋庆龄便代替了姐姐继续担任孙中山的英文秘书。

后来美国记者斯诺在与宋庆龄有了多年的友谊之后，曾问她："你能确切告诉我吗，你是怎样爱上孙博士的？""我当时并不是爱上他"，她慢条斯理地说，"而是出于一种对英雄的景仰。我偷偷跑出去协助他工作，是出于少女的罗曼蒂克的念头——但这是一个好念头。我想为拯救中国出力，而孙博士是一位能够拯救中国的人。所以，我想帮助他。"

宋庆龄代替宋霭龄担任孙中山英文秘书的时候，正是孙中山情绪最低落、革命陷于低潮的时期。在危难之时，宋庆龄担负了为孙中山处理来往函件、整理各类文件、经管革命经费等繁重的日常工作，而且完成得非常出色。后来，孙中山干脆将所有的机要通讯密码都交由宋庆龄保管，并让她负责一切对外联络工作。由此，宋庆龄也逐步成为孙中山革命事业中不可或缺的助手和亲密战友。

在东京工作了一段时间后，孙、宋两人曾谈起过结合问题，但1915年6月宋庆龄回到上海征求家人意见时，立刻遭到了宋家人的强烈反对，原因是双方年龄悬殊太大（孙比宋大27岁）、孙中山家里已有妻儿子女等，宋嘉树一时也无法接受曾经是自己亲密战友的孙中山娶自己的亲生女儿。为此，宋家在震惊愤怒之余，将宋庆龄软禁在家中，不准她外出。

而在这时，孙中山将原配夫人卢慕贞从澳门接到东京，并与之办理了分离手续，随后便开始准备与宋庆龄的婚事。10月中旬，孙中山请同乡朱卓文和他的女儿慕菲亚前去上海迎接宋庆龄。

在得知孙中山已经和原配办理了离婚手续后，宋庆龄深受感动，她不顾家人的反对和朋友的劝阻，在冒着与家庭决裂的风险下从窗户里爬了出来，随后离家出走，并偕同朱卓文父女潜返日本，重新回到了孙中山的身边。

暖风

一度被误解的孙宋婚事

1915年10月25日，孙中山与宋庆龄在东京办理了结婚手续并举行了简单的仪式，当时由于大部分革命党人也反对这门婚事，因此只有廖仲恺夫妇（何香凝）、陈其美及其几个日本友人到场祝贺。对于革命同志的非议，孙中山表示："我是革命者，我不能受社会恶习惯所支配"；"我不是神，我是人"。

在发现自己女儿逃跑后，宋嘉树随即与妻子倪桂珍一路追赶到日本，但这时已晚了一步，婚礼已经举行完毕。据孙中山居所房东梅屋庄吉的女儿千世子回忆，当时宋嘉树站在她家门口，怒气冲冲的叫喊道："我要见抢走我女儿的总理！"

梅屋庄吉夫妇正要去劝解宋嘉树的时候，孙中山拦住他们，说："不，这是我的事情"。随后孙中山便走出去，稳稳的站住，问："请问，找我什么事情？"这时，正在暴怒中的宋嘉树却突然跪在地上："我的不懂规矩的女儿，就拜托给你了，请千万多关照！"说完，宋嘉树便扭头回去了。

几个月后，宋嘉树对他的老朋友传教士步惠廉谈起这事时，曾说了这样一句话："比尔，我一生中从来没有这么伤心过，是我自己的女儿和我最好的朋友给害的。"不过话说回来，宋嘉树突然当了自己老朋友和同辈的岳父，一时间难以接受，也是人之常情。

但是，既然木已成舟，宋家人也只好接受现实。尽管宋庆龄姐妹间曾一度互不理睬，宋嘉树也发誓与孙中山和他的党断绝一切关系，但他们还是尽可能的不想将这件事情张扬出去。直到后来，等到怒气稍微平息了一些后，宋嘉树还是给女儿补送了一套家具和百子图缎绣被面的嫁妆，而这也是宋庆龄一生中最为珍重的一套礼物，她一直将它们带着身边，保存十分完好。本次宋庆龄故居所发现的这张旧影，似乎也证明了宋家人最终认可了这段婚姻并接纳了孙中山，之前的各种流言，可以说是不攻自破。

这个世界是有趣的

认真的说起来,孙中山先生其实也是个普通人,他因为平凡而可爱,在这段非常时期里,他与宋庆龄的结合也可以说是一段难得的革命佳话。不管人们的褒贬毁誉,孙中山和宋庆龄婚后的生活还是很和谐幸福的,这对革命伴侣共同渡过了最艰难的时期,并对之后的中国革命史产生着深远的影响。

暖风

明十三陵风水之谜

岳　南

公元1398年闰5月，明朝开国皇帝朱元璋在南京西宫的御榻上进入弥留之际，他竭力睁大眼睛，望着皇太孙朱允炆，浑浊的眸子里闪现着几分忧郁和惶惑。在他71年的漫长生涯中，朱元璋由一个无家可归的和尚成长为一个拥有八荒四海的皇帝，他经受了无数次刀光剑影的生死考验，而每一次都凭借自己杰出的胆略和才能，钢铁般的意志，正当的或卑劣的手段扼住了命运的咽喉，由胜利步入辉煌。而步入辉煌的他在权力的顶峰，又做出了一系列令世人震惊的事情。他废除了中书省、丞相制，以六部为最高政务机关，直接对皇帝负责；废除了行省制度，代之以布政司、按察司、都司；废除了大都督府，设中、左、右、前、后五军都督府；大肆屠戮宿将元勋；颁布了一系列旨在防止后宫和宦官干政的禁令；借鉴汉唐时期的封藩制，将26个儿子封为藩王，又采取措施，限制藩王势力……所有这些，目的只有一个，那就是保证朱家永远处于权力的顶峰而不被摔下。

既然这一切都安置完备，那么，在撒手人寰之前，这位颇具文韬武略的皇帝，除了对自己即将离去的不情愿，还要担忧什么呢？他动了下嘴唇，似乎要跟长孙——这位自己权位的继承人交待些什么，但嘴唇抽搐了一阵，却没有说出话来。也许，朱元璋凭借那种在酷烈

这个世界是有趣的

的政治斗争中锻炼出来的敏锐直觉，他预感到有一个人，一个在相貌、性情、禀赋、才干等各个方面都与自己酷肖的人，将在他死后掀起一场巨大的波澜。这个人就是他的第四个儿子——燕王朱棣。或许是出于更加复杂的考虑，朱元璋最终还是没有对皇孙朱允炆说出这个可怕的预感，他只是把身边一个心腹太监叫过来，有气无力地悄悄叮嘱了几句秘语便闭上了眼睛，一代枭雄——大明江山的开国之君，就这样离开了他亲手创造的煌煌大业，走进了南京郊野、钟山之下那座规模宏大、气度非凡的陵墓——孝陵去了。

太祖驾崩的消息传至北平后，一队人马立即驰出古城向京师飞奔，跑在队伍最前边的就是燕王朱棣。朱棣本是朱元璋第四子，封国在北平（今北京），北平为古燕地，故称燕王。此刻，他心急如焚，恨不得插翅飞到京城，弄清朝廷虚实，掂量一下能否将那个诱人的梦化为现实。由藩王到皇帝，这个梦从洪武十三年他被封北平藩王开始，已在心中埋藏了18年。

当朱棣兴冲冲向南疾驰，快要抵达淮安时，突然碰到新皇帝朱允炆派来的特使。使者向他宣读了太祖遗诏："传位于皇太孙朱允炆；诸王各守信地，勿到京师会葬；王所在地，所有文臣武将悉听朝廷节制。"

听罢遗诏，朱棣大惊失色。诏书的意图很明确：不让诸王接近京城这个权力中心，以免影响政权的顺利更替。削弱诸王的政治、军事实力，以确保皇权的绝对优势。

朱棣强按怒火，率队返回北平……

现在的朱棣已今非昔比了。从这个威风凛凛地雄踞于马背上的中年汉子身上，很难找到十八年前那年轻初封的藩王影子。十几载寒来暑往、雨雪秋霜，无数次呐喊冲杀，拼死搏斗，大大地改变了他的形象：在那金光粼粼的坚甲内，一身坚实而富有弹性的肌肉取代了昔日柔弱的肌肤，正随着骏马的颠簸而跃动。原先白皙而细腻的脸庞已刻上了深深的皱纹，古铜色的皮肤在阳光的

暖风

照映下泛出暗褐色的光泽。细长而微微外凸的眼睛凝视着远方,时而阴沉,时而炽烈,时而迷蒙,时而豁朗。高鼻梁、鼻尖微微内勾,使人联想到苍鹰的利爪。往昔那带着乳臭的唇髭,已变成漆黑而浓密的长髯,正同烈马的雄鬃一道在风中飘拂。

当年的毛头小伙子已接近不惑之年。38岁,这是一个成就伟大事业的黄金岁月。

长期的漠北征战生活,赋予他一个古代优秀军事家所需要的一切素质:深谋远虑的战略眼光,狐狸般狡诈的用兵方略,不惧死亡的勇猛气魄,精湛的武艺以及邀买军心的种种花样。更重要的是朝中现状十分有利,颇受朝野好评的太子朱标早已去世,势力不在自己之下的秦王朱樉、晋王朱棡先后病死,当年那班富有文韬武略的开国元勋,几乎被他的父亲以各种罪名杀光了。现在声威赫赫的父皇已命归黄泉,新继位的侄儿只有16岁,围绕在他身边的只是几个貌似胸有城府,多谋善断,实则只是拘法古人的迂腐儒生。所有这一切无疑给朱棣造就了一个夺取皇位的绝好时机。在经过漫长而焦虑的等待之后,潜藏在心底的梦终于不可遏止地激荡起来,催促他不惜生命去完成伟大而惊险的事业。

燕王朱棣是朱元璋的儿子,朱允炆是朱元璋的孙子。皇孙朱允炆已经称帝,建元建文,而作为皇帝叔叔的朱棣篡夺侄儿的王位,于情理不通,于礼法不容。于是在朱元璋崩驾一年零两个月后,燕王朱棣便以朝中齐泰、黄子澄等奸臣在皇帝面前拨弄是非为借口,毅然打起"清君侧"的大旗,宣布起兵,以靖"国难"。

大风起兮,猛士如云。朱棣手执丈八蛇矛亲率大军离开北平,一路车骑交错、戈矛并举、刀剑进击、战马鸣嘶。燕军过固安,渡巨马河,趟白水沟,横跨长江天堑……经过4年的征战厮杀,终于攻克了南京城。

燕军入城后,朱棣立即派出人马,前往皇宫捉拿建文帝朱允炆。这时,皇

这个世界是有趣的

宫突然起火,烈焰冲天,混乱中却找不到建文帝的踪迹。朱棣闻讯,急忙下令紧闭宫门、城门,派人四处搜寻。一连数日,一无所获。把一些没死的太监和宫女找来询问,一位大胆的太监指着一具烧焦的尸体说这便是皇帝,其余内侍也随声附和。于是朱棣命人把这具尸体当作皇帝盛殓起来。至于那是真皇帝、假皇帝抑或是一名太监宫女,却无从证实。因为有的太监说,皇帝死于大火。一个当年服侍朱元璋后又服侍朱建文的太监,在经受了一顿拷打和恐吓后,又说出了皇帝朱建文已经逃走的故事,并把逃走经过说得极为具体详细——

当金川门失守的消息传至皇宫后,建文帝长吁短叹,徘徊前庭,打算自尽。这时一个老太监猛然想起了太祖朱元璋的遗嘱,便急忙拿出一个铁皮箱递给皇帝,说是太祖临终前交给他收藏的,太祖特意叮嘱:"遇大难,启之。"建文帝打开铁箱一看,里面有三张度牒,分别写着"应文"、"应贤"、"应能"三个名字。有三副袈裟,僧靴僧帽,一把剃刀,十锭银子。另外还有太祖朱元璋亲笔朱书一封:"应文从鬼门出逃,余人从御沟出走。"

刚巧建文帝身边的两个太监一个叫杨应能,一个叫叶希贤,两人读罢朱书,像是心有所悟,解开了"天机",便自愿与朱允炆一起落发为僧,按朱书所示,分头逃离京城。

关于建文帝的生死,众说纷纭,难辨真伪。有人说他出逃后先到神乐观暂避战乱,之后三人相伴浪迹江湖,行踪遍及云南、四川、贵州、陕西、江苏等地,并在国外度过了后半生……各种传说已无确切文字史料记载,至今仍是明史上的一大悬案。不过,朱棣称帝后,确实派出许多心腹查访过朱允炆的踪迹。大臣胡濙到处巡游就领有这一旨意,后来郑和率船队下西洋,就曾肩负这项重大使命,其主要目的就是打探建文帝是否已逃往海外并建立新的政权。

明成祖朱棣经过四年的血战,终于用无数尸骨铺成了一条通往皇宫的大道,当年那个辉煌的梦实现了。他在群臣的一片劝进声中在南京称帝后,改年号为永乐。由于他镇守北平多年,深知它在军事上的重要地位,便决定迁都北

暖风

平，并于永乐四年征调工匠、民夫上百万人，开始营建北京宫殿。今天的故宫、天坛、太庙（劳动人民文化宫）等规模宏大的建筑，就是在此期间及以后陆续建造而成并为后人留下的珍贵文化遗产。

永乐五年，皇后徐氏死去，因为正在修建北京，所以朱棣经过深思熟虑之后，没有在南京建陵安葬，而是派人去北京寻找"吉壤"。他们遍访北京四郊，足足跑了两年时间，才找到几处可供挑选的地方。最先是口外的屠家营，但因皇帝姓朱，"朱"和"猪"同音，皇帝认为猪家要进了屠家定要被宰杀吞刮，未能同意。另一处选在昌平西南的羊山脚下，羊和猪本可相安无事地各自生活，但山后有个村子叫"狼儿峪"，猪的旁边有狼出没危险可怕，也未被采用。再一处是京西的"燕家台"，可那位永乐皇帝感到"燕家"和"晏驾"是谐音，不吉利，又遭否定。京西的潭柘寺景色虽好，但山间深处地方狭窄，没有子孙发展之余地，亦未能当选。直到永乐七年，才在昌平县黄土山下选中陵地，并由朱棣亲自察看后决定下来。

这里确是一块最为理想的风水宝地，燕山余脉自西北高原逶迤而来，曲折环绕，成为一道天然的屏障。中间一片平原，广袤宽阔，风景绮丽，泉水顺山而下，沿平原两侧缓缓流过，真可谓山清水秀。更为奇特的是，在平原的东西两侧，有青山两座，成守卫之势，俨然是两位顶天立地的将军。在此处兴建陵墓，不只风景美好，更主要的是这里山势如屏、易守难攻，一旦驻军把守，既可护卫陵寝，又便于保卫京师。朱棣立即降旨，"圈地八十里为陵区禁地"，开始动工修建长陵，并派军守护。

朱棣不愧是明代少有的军事家和政治家，对陵区的选择和驻军的守卫，再一次显示了他非凡的才华，其苦心远见，在他死后不久便可得到证实。无论是北方的俺答、瓦剌大军，还是努尔哈赤的铁骑，都把十三陵视为通向北京的咽喉和畏途，从而费尽心机、不惜余力进行攻打。即是在中原纵横驰骋的李闯王，也是从柳沟先入德胜口，再下十三陵，只因居庸关守将投降，才使十三陵变得唇亡齿寒，导致北京陷落。

自永乐皇帝圈地筑陵的圣旨传下，黄土山四周百余里便成为禁地，凡在此住居的百姓，十日之内必须迁往外乡。于是，一幅悲惨的帷幕随之拉开。官兵们披挂整齐，手持棍棒，残忍地殴打和驱赶着迟迟不肯离去的百姓。男人推车挑担，女人抱着婴儿，面对祖祖辈辈赖以生存的家园顷刻间变为废墟，不禁声泪俱下，孩童的啼哭和老人的呼喊，在凄冷的旷野里回荡。其悲苦之状，撼天地、泣鬼神。

有一叫李焕的白发老者，面对烈焰升腾的两间茅屋，扑卧在地，抓起一把黄土放在怀里，死死不愿离去。撕裂肺腑的哀嚎和头上溅出的热血，使执棒的官兵都为之动情，泪湿衣襟。最后，李焕老人口吐鲜血，一命呜呼。永乐皇帝得知此情，感其对家园的依恋，特传旨将他葬在天寿山旁侧。至今，这座荒冢还和十三陵一样默默地守在天寿山麓。

永乐七年，浩大的陵墓工程在黄土山下正式动工，所用军工、民夫四十余万。据《太宗永乐实录》等书记载，当年朱棣生日，在黄土山上饮酒作歌，百官上寿时为讨他欢喜，称此山为天寿山。朱棣听罢大喜，即传旨改黄土山为天寿山。

长陵的营建，先后用18年时间方完成。朱棣的皇后徐氏，于永乐五年去世后，在南京停尸6年，直到永乐十一年，长陵的地宫建成后，才由南京移来入葬，成为十三陵第一个入葬者。

公元1424年，朱棣第五次率大军出征漠北，病死于归途中。这位在历史的中心舞台上活动了23年的一代君王，终于走进了长陵的地下玄宫，寻找他的生前伴侣去了。

从成祖朱棣在天寿山下建造长陵起，到明代最后一个皇帝思宗朱由检（年号崇祯）止，除景帝朱祁钰因故别葬外，其他诸帝都在天寿山附近营葬，共十三处，成为明代中后期皇帝陵墓的集中区。陵区周围因山势筑有围墙，长达

12公里，围墙设垛口、城关、敌楼，驻军守护。十三陵各陵建筑自成整体，布局、形制与皇祖朱元璋的孝陵一脉相承。祭殿在前，寝宫在后，门廊、殿堂、明楼、宝城排列得层次分明，严肃整齐，从宫前庄严的神道、石桥、无字碑，直达宝城，一线相贯，地势逐步升高，有曲有直，有高有低，远山近水，连成一个气势宏伟壮丽的建筑整体。十三陵的地上或地下建筑，无疑是封建剥削阶级的产物。但从某种意义上说，它又是中国古代人民非凡的智慧与才华的结晶，是一种文明与文化的创造。

遗憾的是，这笔财富大都没能完整地保留下来。从正统十四年"土木之变"，来自北方的瓦剌大军在十三陵燃起焚烧殿宇的大火之后，这文明便开始了它悲剧性的毁灭。最能象征十三陵各陵建筑艺术与风格的祾恩殿，经过数次战火之后，也只剩长陵的一座孤影自怜了。这座建成于宣德二年的辉煌建筑，历经五百余年沧桑而无恙。祾恩殿以六十根金丝楠木大柱形成构架，其中，中间四根高为14.3米，直径1.17米。这样高大的楠木柱，是我国古建筑史上独一无二的奇迹，即使故宫的太和殿也不能与之匹敌。祾恩殿无论是形体结构、建筑风格，都堪称中国古代建筑艺术的典范，它的出现同样反映了当时国家的富庶与强盛。

1956年，十三陵中的定陵地下宫殿被考古人员发掘，出土了大量珍贵文物，也让世人看到了一个真实的明代陵寝地下宫殿的规模、规制与陈设。由于定陵发掘并不成功，许多文物被毁坏，其他的陵墓至今没有发掘，仍完好无损地存于今天的十三陵特区中。

周有光的智慧

解玺璋

我对周有光先生了解得很少,二十年前曾读过他的《语文闲谈》,觉得很有意思。近年来常常在一些场合听到周先生的消息,也读了一些他的文章。2010年7月15日,周先生开了博客,我当天便写了一篇祝贺的短文,表达自己的敬慕之情。对我来说,读周先生的博文真是一件赏心悦目的事,就像听一位慈祥的老爷爷在聊家常,如逢春雨,如沐春风,润物无声,却又沁人心脾。悠长的岁月在他身上已经演化成为人生的智慧,点点滴滴,寻常之事,都能透视对人心幽微的观照。比如他说:"我不发愁,发愁没有用处。我遇到过许多困难,已经有经验了,觉得塞翁失马,焉知非福,不要慌。"最后这三个字,对生活在今天的我们来说,实在是太重要了。如今又有几人能够做到遇事不慌而平心静气呢?实在是少之又少。

这正是得道高人与凡夫俗子最主要的差别所在。这里所谓得道,其实是生活之道,而非道学之道。许多人总以为得道之人生命境界必较常人超越、洒脱,其实不然。他们也是普普通通的常人,因为生活中有了种种难以超越的困惑,才思解脱。坦白地说,这点"自知之明",才是得道之人所以得道的根本,是他们从生活入手,参透人心幽微的结果。我们从周老先生的博文中便深深地体会到这一点。人们总以为,博客是个是非之地,喧闹之地,欲望之地,

暖风

红尘滚滚,乱象纷呈,当我们遭遇周有光先生的博客之后,也许会改变这种偏见。

然而,周先生又非独善其身,他还是思想启蒙大师,他的思想把常识当作愚昧的"解药",每读他的文章,我们都或多或少地得到一些启发。他的文章明白好懂,语言简洁平实,不绕弯子,不兜圈子,一目了然,心为所动。他讲的那些话,对于打破他所说的"潜在惯性"实在是太有帮助了。据我观察,对西方文化有偏见,不信任,大约就是近几十年来政治环境之下所形成的"潜在惯性"。周先生则告诉我们,近现代以来的文化发展趋势,恰恰是文化的融合,而非文化的分裂。他在一些文章中反复强调,我们正处在这样一个时代,不同的国家、不同的民族、不同的地区,虽然各自的传统文化依然存在,但是,随着全球化时代的到来,地球缩小成为地球村,各地文化便有了更多相互接触的机会,它们相互碰撞,相互吸收,其中具有普遍价值的部分,经过融合,最终形成了不分民族,不分国家,不分阶级,不分地区的"国际现代文化"。其特征表现为经济一体化(共同市场)、政治民主化、文化多元化。在这里,我们看到了人类文明"共创、共有、共享"的世界潮流,这个潮流是不可阻挡的,我们只能顺应这个潮流,不能逆潮流而动,顺之者昌,逆之者亡。他还提醒我们,中国的视野不能只局限于"四海之内",更要兼顾"四海之外",要融入世界,做世界公民,不要自我孤立。

中国同世界的关系,至少在最近这150年内都是备受关注的热门话题。这里面自然有在西方列强干涉之下被迫做出的选择,却也有中国学者从自身内在需求中发展出来的对西方文明的探索。核心是中国要富强,要成为世界民族之林的一棵树。这里有一条十分清晰的中国学者的精神进路,他们最初看到的只是西方的船坚炮利;继而他们摸索并逐渐理解到,军事技术的进步是不能与整个西方工业体系的优越相分离的,因而,曾国藩、李鸿章、张之洞等都对发展工商业以及相关的教育、邮政、铁路运输表现出极大的热情,但是他们希望这

这个世界是有趣的

一切不必动摇中国文化传统的根基,而"中学为体,西学为用"正是他们一厢情愿的主张;只不过,这个底线很快因为甲午战争败于日本而被突破,以康梁为代表的年轻学者已经注意到,西方和新兴日本的不可战胜,显然不是军事技术问题,甚至超出了与之相关的工业体系和商业流通的问题,其中很可能包含着西方社会整个政治制度、社会结构和司法体系方面的因素,以及背后所支撑的思想观念、价值原则和精神信仰。维新变法及其后来对宪政、民主、共和的追求,直至"五四"前后对科学、民主的呼唤,都表现为百余年来中国进步知识分子努力要把中国引向近代化、现代化目标的诉求。这才是顺应历史潮流的进步力量。

周有光先生是一个走在世界发展前沿的人,他并不排斥传统文化,更不是文化虚无主义者,他提出中国要融入世界,做世界公民,这个世界也有中国文化所做的贡献,而并非全盘西化。他说,我们要从世界的角度看中国,要有世界眼光,这样才能看清世界,也看清中国。

吃吃喝喝的民主

熊培云

卡尔·波普尔说，"人类历史并不存在，存在的只是人类生活方方面面的历史。"一个社会的民主历程同样包含了各种生活方式与生活观念的进步。

由于民主与社会生活的这种紧密联系，在我们考察民主的生成与发展时不得不将目光投向那些生长于日常生活中的细枝末节，而本文所要关注的正是那些为许多宏大叙事论者所不愿提及却又在真刀实枪地影响着人类文明进程的"吃吃喝喝"。

显而易见的是，民主实践并非只是建立起一种简单的投票制度并在此基础上完成所谓民主精神的"间歇性发作"。民主不仅仅是一种制度，更是一种生活方式、思维方式与精神气质。

饮品中流淌江河

中国人习惯用"源远流长"来概括自己的文明。和世界上许多文明一样，饮料有着同样悠久的历史。且不说进化论相信人是从水里一点点变出来的，回顾有史可载的文明，那些曾经盛极一时的文明古国无一不是择水而居。

水是人类最早的饮品。随着文明的发展，水不断地被赋予意义。在中国，除了洪水记忆之外，诸如"防民之口，甚于防川"、"上善若水，厚德载物"、"水能载舟，亦能覆舟"、"摸着石头过河"等等都印证了水与文明进程息息相关。至于《红楼梦》里的"任凭弱水三千，我只取一瓢饮"，更说明在文人墨客的眼中"水"就是"茫茫人海"。

托尔斯泰曾经在《酒色与生命》里质问人们拒绝清醒：喝酒是为了窒息自己的良心。无疑，中国历史是充满了酒气的，其中既有天子呼来不上船也不上床的才子佳人，亦有像魏晋刘伶那样的自我放逐者——整日醉醺醺，像个村干部，还让人扛一把锄头跟在后面，嘱咐"死便埋我"。

为什么人们愿意通过饮料来寻欢作乐？美国作家汤姆·斯丹迪奇在《六个瓶子里的历史》一书里对此作了细致的分析。以酒为例，在斯丹迪奇看来，这种饮品之所以受欢迎就在于它是均质物，只要是同一坛子里的酒，每个人得到的都是一样的。在这方面，它比鱼肉更有优势。

显然，这种便于分享的特性使饮品天然地获得了进入公共生活的通行证。与此同时，这种开放性与流动性意味着一旦有人下了药，所有饮用者都会中毒。由此我们不难理解为什么人们会在共饮时产生一种"同壶共济"、"有福同享，有难同当"的公共精神。或许正是这个原因，古今中外的"梁山好汉"们在搞"和谐黑社会"时要大碗喝酒、开香槟庆贺。尽管椅子上早已排出了座次的高低，但在喝酒时大家觉得自己还是平等的。

今天，包括咖啡、茶、酒、可乐在内的各种饮品可以轻而易举地抵达世界每一个角落。如上所述，饮料的作用并不限于解渴，它同样作为一种完备的意义系统在参与人类的社会生活。当反全球化人士将象征"美国势力"的可口可乐打翻在地，我们不难看到饮料被赋予了一种怎样的文化内涵。它们汇成一条条看不见的江河，在社会中载浮载沉、见证各自的命运。

暖风

从雅典到罗马，两种饮酒方式

埃斯库罗斯说，"铜器是外貌的镜子，葡萄酒是思想的镜子。"显然，古希腊人更钟情于葡萄酒。在他们看来，只有野蛮人才喝啤酒。不过，具体到饮酒方式上，同样钟情葡萄酒的古希腊人和古罗马人却有着两种截然不同的态度。

古希腊人的交际酒会是一种类似现代沙龙的聚会，人们相聚畅饮，分组辩论，展示各自的才情与立场。酒的均质与平等以及人们约定俗成地从同一个容器中取酒，无疑使古希腊的交际酒会具有某种民主的品格。

据说苏格拉底能饮善辩，当时也经常光顾这种交际酒会，而且当别人都喝醉时，他能保持清醒。柏拉图因此称赞他能够通过葡萄酒寻找真理，却又不为美酒所奴役。不过，在柏拉图看来，更多的人并不配享受美酒。在《理想国》中他反对民主，认为把过多的权力放到民众手中会导致无政府状态，更多人"饮少则醉"，不配享有民主的美酒——而且，只有专制才能改变这种无政府状态，恢复社会秩序。

罗马人曾经慨叹自己征服了希腊，却被希腊文化打败了。这句话多少有些言过其实。显然，他们虽然继承了希腊人喝葡萄酒的风俗，却没有继承希腊人的民主精神。在取代希腊人成为地中海霸主后，罗马人很快将葡萄酒分出了三六九等。希腊人的交际酒会是平等的论坛，人们一边讨论哲学与人生，一边在公用的容器中取酒；而罗马人却在酒宴上为不同地位的人修筑了阶梯，大家在自己的碗里掺水兑酒，不再有公共的调酒器。与此同时，阔绰的主人还会带上仆人，以显示自己的地位和身份。

或许有人说，酒是个好东西。然而，在罗马时代，这个本可由世人共享的"好东西"，却因为程序的差异导致完全不同的结果。这种差别难免让人想起古中国人发明了"阴阳壶"。这种壶的外表与普通壶并无区别，在宴会上也被视为一个公共的容器；不同的是壶内被分隔成两半，可以一半装美酒，一半装毒酒。在这里，"阴阳壶"更像是一个隐喻。人们将"喝着相同的酒"视为一种平等，为此甚至激动得抱头痛哭，然而，在不合理的制度或人为安排下，任何貌似平等的东西都有可能被破坏。设若装在"阴阳壶"里的美酒被人下了毒，那些未曾领略"民主美酒"的人，完全可能遭到"二次迫害"：他们不仅在肉体上中了"冒牌民主"的毒，更会在精神上得出一个"民主是毒药"的结论，仓惶逃离现场。

理性时代的网络咖啡

相较于理性时代的万种风情，我们今日生活似乎略显平庸，至少在饮料的发明方面乏善可陈。

17世纪以前，欧洲是啤酒和葡萄酒的天下。不过，好景不长，它们很快被一个崭新的时代所抛弃——咖啡成了理性时代的最佳饮品。用一位英国观察家的话来说："咖啡使欧洲各国的轮廓逐渐清晰起来。"

1667年，托马斯·乔丹在《来自咖啡馆的新闻》里写到，"如果你是个追求智慧与欢乐的人，如果你喜欢打探新闻，就像来自世界各地的人一样——就像荷兰人、丹麦人、土耳其人和犹太人一样，那我向你推荐一个去处，那里的新闻无所不有、包罗万象：去咖啡馆里倾听吧——那儿的消息句句属实……上至君主大事，下到老鼠轶闻，古今多少事，都在咖啡馆。"

从17世纪开始，欧洲的咖啡馆里聚集了越来越多的客人。他们谈论生意与政治，交流思想与见闻。为了招揽客人，一些店主特意将近日货品价格，股票价格及航海时刻表贴在墙上，订阅外国刊物供客人阅读，顾客甚至能读到刚从印刷机上印出来的小册子。

耐人寻味的是，在1680年伦敦出现廉价的邮政服务设施后，咖啡馆成了人

暖风

们收寄信件的重要场所。每个咖啡馆都有自己的老主顾，就像我们今天在家上网，他们一天通常会光顾几次，边喝咖啡，边听人们谈论大事小情，时而检查是否有自己的新邮件。毫无疑问，咖啡馆为我们铺开了一个新社会的蓝图，这是一个开放的不断有陌生人加入的新世界。如有政府要员在其日记中见证：在咖啡馆里，无论是深刻的哲理，还是繁复的生活琐事，你都可以自由地谈论，但是，你永远无法预料到你下一秒钟将遇见谁，以及会听到什么。

事实上，许多著名思想家便是在咖啡馆里完成自己的著作。比如亚当·斯密在"大不列颠"咖啡馆完成了《国富论》的大部分章节，并且会将它们拿出来与大家讨论。与此同时，活跃于巴黎的咖啡馆同样成为启蒙运动的重要源头。众所周知，狄德罗编撰《百科全书》的大部分工作便是在巴黎的"摄政咖啡馆"里完成。与英国咖啡馆谈天说地，无拘无束不同的是，当时的法国咖啡馆表面上虽然可以自由进入，但是里面藏了不少政府的耳目。人们不得不学会忍气吞声，直到有朝一日法国大革命乌云压城，一些激进主义者举起手枪，旁若无人地站到咖啡馆的桌子上高喊，"拿起武器，公民们，拿起武器！"

国王查理之烦恼

当然，咖啡占领欧洲并非一帆风顺。1652年，亚美尼亚人帕卡·罗西在伦敦开设了第一家咖啡馆后，火爆的生意很快引起当地酒馆老板的强烈抗议。不久，这个外乡人被赶走。而就在伦敦的咖啡馆遍地开花时，一些知名的学者与评论家加入到反对派的阵营，指责咖啡馆消磨了人们的斗志。更有女性抱怨咖啡吞没了她们的生活：由于喝了过多的咖啡，他们的丈夫"像沙漠一样不结果子"。

任何新生事物的崛起都会触及一部分人的利益，后者的反抗难免为专制者的倒行逆施提供某种民意上的庇护。显然，伦敦市民的抱怨正中查理二世的下怀。1660年，这位年方三十的落魄者因为得到聚集在咖啡馆里的民众的支持成功复辟。但是，敏锐的国王很快注意到以清教徒为首的反对派不时在咖啡馆里"为反叛密谋"。像所有嗜权者一样，曾经依靠咖啡馆登上王位的查理二世深谙个中玄机，于是动用了一种我们姑且称之为"过河拆桥"的政治手腕，试图通过关闭伦敦所有的咖啡馆来避免自己的成功之路被"野心家"们依葫芦画瓢。

查理二世的"居安思危"在一定程度上解释了为什么那些靠造反起家的"革命者"一旦大权在握，其针对潜在反对派的镇压往往比世袭王者还要用心险恶、变本加厉的原因所在。人们不会忘记，就在几百年后，为避免读书人的种子生根发芽冲破自己的统治，同为读书人的波尔·布特们将海内外无数柬埔寨人诱杀。

无疑，理性时代的咖啡馆更像是21世纪互联网的文化雏形。今日世界，我们很难想象将有怎样胆大妄为的政府会查禁互联网。然而，1675年12月，查理二世着实冒天下之大不韪颁布了一道查禁咖啡馆的公告。不过，这个公告一宣布，立刻引起全社会的反对，因为经过二十几年的发展，咖啡馆已经成为伦敦社会生活、商业生活与政治生活的中心场所。

就这样，这道禁令变成了一纸空文。查理二世虽然贵为君王，有权有势，却不得不拜倒在几粒咖啡豆面前，这或许就是我们通常所说的"形势比人强"。一份来自官方的统计表明，到17世纪末，英国的咖啡馆有3000多家，而当时英国人口不过60万人。

餐桌上的民主

"茶杯里的风暴！"18世纪，当孟德斯鸠听说圣马力诺发生政治动乱时曾经这样评价。在他看来，发生在圣马力诺这个仅有万余人口的小国里的动乱，

暖风

对整个欧洲局势无足轻重。然而，对于处于转型期的国家来说，"茶杯里的风暴"往往是生活与思想之双元革命的开端，不容小觑——细心者甚至可以从中听到一个旧时代被摧枯拉朽的声音。

不可否认，人类文明史同时也是一部民主发展史。人们通常错误地以为，历史上的那些伟大的时代变革不过得益于几位时代英雄的"历史拍拖"与"一夜风流"。然而，文明的发展终归是一个系统工程，不是懒汉播种，可以毕其功于一夜。正如民主，无论你是否愿意，它更多是在经年累月地吃吃喝喝、唠唠叨叨中发生与消长。

回顾中国历史，人们或许会惊叹，同样是提神醒脑的茶叶为什么在英国奇货可居，而中国人却用它们换回了鸦片。关于这一点，我们或许可以"莫谈国事"等招牌中找到答案。黑暗时代，"莫谈国事"不过是一个社会无力反抗时的"免战招牌"。所幸历史终究要跨过泥潭，如今大行其道的"网络咖啡"让所有后进国家终于有机会异地重温了十七八世纪欧洲咖啡馆文化的万千气象。"网络咖啡"像是一种饮品滋润中国人的精神生活——如有学者指出："国家是我的，凭什么要我莫谈国事？"

今天，当我们回首英、法等国家的转型，不难发现，由咖啡馆文化应运而生的餐桌上的民主与自由，作为一种秩序文明会沿着既有的逻辑自发地拓展。任何自由都可能从餐桌上生长到社会生活的每一个角落——从餐桌到书桌，从厨房到广场。君不见，今日巴西的议会大厦，其造型不就是一个面包外加一副碗筷？

为开放社会立约

转型时代必定经历一个辞旧迎新的过程。当旧的已去，新的未建之时，出现价值认同危机在所难免。在此意义上，咖啡馆对于两三百年前正处于激荡中的欧洲国家来说可谓居功至伟。一方面，咖啡馆把人们从旧有生活仪式与体制中解放出来，使每个人都可能成为压垮旧制度的最后一根稻草；另一方面，因咖啡馆而搭建的公共生活又让那些思想或灵魂失去了庙宇的人不至于无家可归。咖啡馆成了社会生活的枢纽，为人们在公共生活与私人生活间搭起桥梁。就像今天在中国开花结果的互联网一样，在理论上向所有公民开放。

不难发现，无论是传统咖啡馆还是现在的网络咖啡屋，其所订立的规则从本质上说就是为一个开放的社会立约。在这里，人们应该遵守一个重要原则就是将自己的社会地位关在咖啡馆门外。如那些做"启蒙运动的生意"的咖啡馆老板一再声明，"不论是贵族绅士，还是商业人士，我们皆欢迎，在这里，大家笑语盈盈，平起平坐。""此处不设上座，以省去你的担心。阁下尽管随便入座，纵有贵人驾到，亦不必起身退避。"

刘易斯·科塞在《理念人》一书中指出，咖啡馆最重要的意义就在于去除了等级，并且在彼此接触中，形成了新的标准。在咖啡馆时代以前，标准是由贵族或宗教精英人物制定的，那些听命决策的人们处于相对隔离的状态，并不能公开讨论并检验这些标准。然而，当大家在咖啡馆里聚集一堂，人们不再只是悄悄地坚持自己的观点，而且还可以通过自由辩论形成一个群体意见并由此做出决策。如果人们每天享受跨越出身、等级和地位的交往，他们也必须尊重彼此的看法，培养倾听的艺术，"在此基础上形成一种尊重别人思想的合群、宽容的态度，填平沟壑，使分歧失去棱角。"

正是因为这种融合与重组，当许多人为往日中国价值体系的分崩离析而忧心忡忡，或为现实的羁绊而一筹莫展时，另一些人却选择了一种相对乐观的态度——一个社会改天换地的进程正在悄无声息的自斟自饮中酝酿，而那个咖啡香浓、虚拟或现实的所在，于无数键盘与杯盘的辗转起伏间，人们听见了一个时代的脉搏。

马云告诉了我们什么

石述思

5月10日,淘宝网成立10周年纪念日。

这一天的夜晚属于它的缔造者马云。他宣布正式卸任集团CEO一职。

这一年他48岁,比上一代企业领袖柳传志卸任的年龄提前将近20年。

卸任仪式上,他唱了两首歌《我爱你中国》和《朋友》,表达了双重的感恩。

随后他做的卸任演讲不仅在现场引起了巨大轰动,事后迅速传播开来,撞击着太多年轻的心脏,宛如闪电划过人生的夜空。

马云说:"明天起,生活将是我的工作。"

这或许是一个男人的成熟,或许是鸟倦知返的疲惫。很多人甚至相信,卸任只是马云短暂的离别,整个阿里巴巴的命运仍牢牢掌握在他手中。

抛开马云奇异的长相、鲜明的个性、巨大的魅力以及卓越的才华,更重要的是,他是个幸运儿。他的成功无法复制。

如果按照传统教育体制设计的路径,马云就是一个事故,从小不爱读书,屡次高考落第,创业屡屡受挫。但他坚持自我的选择,固执而坚韧地将事故变成了一个万人追捧的故事。身后是一个变幻莫测又华彩四溢的时代背景:市场经济和电子商务的浪潮双流并至。

转型时代的历史往往是成功者书写的。

14年的奋斗，使马云有资格面对其千千万万的支持者宣布：我们很多人埋怨昨天，30年以前的问题，中国发展到今天，谁都没有经验，世界发展到今天，谁都没有经验，我们没有办法改变昨天，但是30年以后的今天，是我们今天这帮人决定的，改变自己，从点滴做起。

相对于马云对于电子商务现状未来的描述，相对于他对团队员工的真诚凝聚，他演讲中流露的人生观却是最大的亮点。

马云说，我感谢这个变化的时代，我感谢无数人的抱怨，因为在别人抱怨的时候，才是你的机会，只有变换的时代，才是每一个人看清自己有什么要什么该放弃什么的时候。

没有完美的人生，更没有完美的社会。世界本来就是不美好的，而改变它正是人们存在的理由。不要总是因为抱怨黑暗而忘记自己发光，否则只能万劫不复。

你不会成为马云，但你可以利用任何一个年代赋予你的缝隙完成自我的崛起。越是集体困顿迷惘的年代，越是检验一个人是否足够自信和独立的绝佳考场。毕竟，世界上从来没有一个怨妇能在残酷竞争的年代脱颖而出。

在改革开放35年后，由于体制变革的滞后，当代年轻人面对逐渐固化的阶层和日益强大的既得利益集团，投身商海获得成功的难度要远远大过马云的年代，但即使如此，手握巨额中奖彩票的马云依旧会成为一种可贵的动力和希望。毕竟，伴随着整体产业结构调整和产业升级，会释放出崭新的市场空间，在新技术新产业浪潮的推动下，必将成就新的英雄。

必须承认，马云选择在人生的黄金岁月退居二线，除了他公之于众的幸运和放心，也潜伏着深层的焦虑和危机：借助市场经济中最开放的互联网平台，阿里巴巴帝国在一个相对自由宽松的环境中迅速崛起，已经无限接近世界一流公司，但和华为、腾讯、百度等民企巨人一样，也无限接近成长的天花板。对内，各种利益集团借助权力环伺；对外，遭遇跨国集团资本技术甚至政治的倾轧——革命浪漫主义的成长已经完结，批判现实主义的发展遭遇围城。聪明如马云，似乎也短时无望找到突围路径。

拒绝苟活、积极进取、追求卓越是所有真正优秀企业家的共同人格特征。与其在事业上苦苦支撑，不如激流勇退好好生活。这不是马云一个人的困局，而是属于这个时代所有民营企业家的。不同的是，马云选择在中国坚守，而不少人选择了移民。

当马云身着潮服演唱《我爱你中国》的时候，已经流露出爱什么样中国的强烈冲动：我们一起努力除了工作以外，完善中国的环境，让水清澈，让天空湛蓝，让粮食安全，我拜托大家! 他单膝下跪既表明一种期许，更展示了一种当代企业家的责任。

但其实，今天比自然环境改善更迫切的是制度环境改善——没有体制改革的全面深入推进，对于寒门子弟来说，未来在中国的土地上超越马云的只能是外星人。

马云心中一定对此洞若观火，但他已成熟到对此一言不发。希望他展示的一切足以激励更多人为自己获得更公平博弈机会而战，而不仅仅渴望奇迹降临。

我师萧乾

唐师曾

按计划这里本来应该是我师萧乾的一篇序，就像几年前他为《我从战场归来》作序那样，很可惜他老人家不幸作古。多年来我师萧乾一直和我以"同志"相称，"同志"是志同道合的意思，所以我把自己看成是萧乾播下的种子……

一

萧乾是20年前我念大学一年级时崇拜的偶像，也是我开始初晓人事、胡乱崇拜并坚持至今的唯一一位中国人。在此之前波澜壮阔的无产阶级"文化大革命"中，我已日积月累向数不清的英雄人物学习致敬：挖地道触电身亡的胡业桃、抢救串联红卫兵牺牲的李文忠、面对新沙皇"生命不息冲锋不止"的于向阳、"身居长工屋拉革命车不松套"的王国福、"小车不倒只管推，一直推到共产主义"的杨水财……连阿尔巴尼亚的霍查、越南的阮文追都是我心目中的革命英雄。当时祖国江山一片红，我们的朋友遍天下，连美帝阵营中的革命派也不远万里来到中国。远有《老三篇》中"去年春上到延安"的白求恩，近有被毛主席请上天安门的斯诺。我由于赶上一个英雄辈出的革命年代，英雄太多

暖风

又逝者如斯，到现在除了上海知青金训华为抢救一根电线杆子被大水冲走外，其他已记不清谁是谁。任主编批评我这么写对革命先烈有失尊敬，可我想得更多的是比我年轻的新一代如何把仅有一次的生命过得更有价值。

1979年我年满18岁，侥幸考进北大国际政治系，终于开始第一次有价值的人生崇拜。那年我在未名湖司徒雷登故宅正东发现有座斯诺墓，斯诺是伟大领袖屈指可数的美国朋友，自然属于崇拜之列。据系里老师介绍，斯诺半个世纪前来中国参加革命，先在燕园教书，后投身学生运动，再潜入延安，直到"文化大革命"被毛主席请上天安门。20年前的北大国政系还很时髦，老师中有声震华夏的"梁效"，同学们大多在广阔天地经过风雨，个个文韬武略期望在政治上有所建树。唯有我胸无大志驰心旁骛，整天沉湎于武器、弹药、战争史，梦想当格瓦拉式的革命英雄。天长日久连老师也发现我朽木难雕：既无政客的城府，更不是当学者的材料。唯一可取之处是笃信国际主义，对参加世界革命的里德、斯诺、卡帕顶礼膜拜。老师以为我根红苗壮，殊不知我自幼游手好闲东游西逛，自然对走南闯北以革命为业者肃然起敬。

斯诺不仅追逐热门新闻，而且热衷一切有价值的进步事业，这更令"爱管闲事"的我神往。为勉励后人热爱生活尊重历史，斯诺还立下遗嘱把自己遗骨埋在北大，继续充当民主科学的种子。由此我才知道记者不仅可以留下一部战争编年史，更可以留下一种精神。从此我把斯诺、里德和阵亡的卡帕视为人生偶像，每次下课路过斯诺墓，都不忘献上一花一草以示缅怀。北大是中国民主科学的始发圣地，可正如民主科学在中国步履艰难一样，想在中国全盘效法卡帕、斯诺，总有点隔山取火。幸亏斯诺亲手带出一位中国徒弟，由于赋予了西方思想，中西合璧土生洋长，终于成为跨越时空的世界级记者，这就是萧乾。

萧乾一直到现在都感激斯诺："我学新闻也是受了埃德加·斯诺的影响。当时我在大学英语系读书，斯诺先生是新闻系的教授。自与斯诺先生接触后，我感到执教英语的局限性太大，大学三年级时，就从英语系转到新闻系。""从斯诺的一生可以看到一个新闻记者决不仅是一个热门新闻的追逐者,对于世界事务决不能作壁上观。他必须认真观察,通过表面现象透视到本质。他必须侠肠义胆,坚决站在受欺压者一边,揭露邪恶,反对横暴。他的职务是报道,他更加神圣的职责是扶持正义、捍卫真理。"至今萧乾回忆创作欲望最旺盛的时期,还念念不忘未名湖学生时代。当时他为节省住宿费搬到湖边六楼,人多屋挤,就躲到湖心石舫上去写。我为应付考试,也常去石舫背《苏共党史》,可总没有萧乾讲过的那种"脑中冒出的灵感"。

整整20年弹指过去,沧海桑田,我已从"而立"奔向"不惑",可年届九十的萧老仍然是我"勇敢诚实"信条的楷模。穷其原因,大概唯有对萧乾的崇拜发自内心。沈从文教授把萧乾称做"生气勃勃勇敢结实的都市里的乡下人",由于我们情趣接近又同属劳苦大众,亦友亦师才保持至今。

二

在萧乾影响下,我还没出校门就幻想自由翱翔,仿佛越渺茫越合乎我漂泊的心。以后分到政法大学教书,却一心以为有鸿鹄将至。大约在1986年,政法教书的同事吴霖不知从哪儿弄到萧乾地址,带了我找上门去。当时我诚惶诚恐,只记得萧乾养了乌龟之类的小动物,其他什么也没记住。此后我抛弃大学教书的稳定工作,连考几家报纸,最终进了新华社。鉴于萧乾写文章沦为右派的惨痛经验,我发誓永不写字,铁了心只当摄影记者。1987年我在新华社开创BP机、手提电话跑新闻的方式,几乎控制北京地区的所有突发事件,名声大噪。《中国青年报》用半个版介绍我和我的"闪击"理论,受到我师萧乾喝彩。他称赞我"就像当年的美国记者一样,脖颈上挂着一具弧光摄影机,以强烈刺目的灯光,一闪闪把咱们照个糊涂。然后照相机向肩后一背,又拿出一册速记本子开问,真是闪击"。老人家还特别送我一本他的《北京城杂

暖风

忆》，并题词："师曾同志惠存，并祝鹏程万里。"勉励我继续探索新的新闻采集方式。

1991年5月，我结束半年多的海湾战争采访，打点行囊准备回国。行前，我特地到巴格达曼苏尔食品店买了一听巴格达咖啡，准备献给我师萧乾，报答知遇之恩。回到北京，头一件事是跑到萧乾家展示我的战场心得。他见我足登美军军靴威风凛凛，十分艳羡，继而感慨万端。说当年采访欧战，他也有这么一双，一直穿在脚上炫耀，不料后来竟被诬为勾结美帝罪证，现在也不知道穿到什么人脚上去了。他看我送给他的咖啡罐上全是蚯蚓般的阿拉伯文，就让我写上"唐老鸭在巴格达给萧乾买的"，说："唐老鸭从战场背回来的东西得有个标识才好摆在桌上，向客人展示。"他看到我拍的照片中所有以色列人每人一个防毒面具，还有人给面具配上好看的塑料盒子，说上次大战他在英国，"每人也都发了一具类似的防毒面罩。很奇怪女人带它远比男人更热心，而且和巴黎一样，许多彩色'面罩匣子'还被陈列在市面上，花上三五先令，便能把这猪八戒脸谱似的玩意儿装饰起来，天蓝、水绿、橘红，很富于个性。"接着萧老一口气讲了第二次世界大战中英国老百姓可笑的"爱国发明"：军靴上绑刺刀，遇上敌人可以拿脚踹；步枪上装电钮，肉搏时电钮一按，刺刀霍地飞出将敌扎死；平地撒鱼网，网上装有《七侠五义》中的那种响铃，专捉敌国伞兵；在空草坪上缠以蛇腹铁蒺藜，使着陆敌机如藏珍楼里的白玉堂插翅难飞；向敌后散布毒蛇饿鼠；将天空彩云冻成冰坨子再架上高射炮……每天都有上百种发明送到英国陆军部，稀奇古怪十分好玩，"可惜不是唐老鸭，没有'闪击'、'抓拍'，没能留下证据。"说着萧老想起一个摄影记者的故事。

说莱茵河畔有个家伙好吹牛，曾向村民夸口自己亲手杀了3000犹太人，不料德国战败后遭人举报被捕。《伦敦画报》一名摄影记者听说此事，想趁机造个噱头。他见萧乾不搞摄影不构成竞争，就请萧乾当帮手："一个杀过3000犹太人的战犯！一定轰动！"萧乾问："要是那家伙瞎吹，谁也没杀呢？"这名记者说:"我只管拍照片,不是战犯判决。"搬桌弄椅、架相机、试镁光泡,还请来两位会德语的少校并排坐在上首扮法官。折腾到更深夜静,才把好吹牛的家伙押上来。他以为要被枪决,一进门就瑟瑟发抖。问什么都先打一躬,再矢口否认。《伦敦画报》记者几次提醒法官设法"激怒他,逗他露出狰狞面目",可一直审到半夜,镜头前只有"熊相"不见"凶相"。别说亲手杀了3000犹太人,也许连杀三个的胆子也没有,只会一口气地喊"饶命"!……记者失望之极,最后干脆亲自出马,命令他表演行纳粹礼,可这家伙就是不敢配合,一个劲儿点头哈腰:"当时全这么敬礼,现在打死也不敢了。"各位原本要他扮演一个死硬纳粹,可这草包只配演悔过者。阴差阳错,摆拍一张"新闻佳作"的努力就这样落了空。折腾了半夜的《伦敦画报》记者一边收拾器材一边破口大骂:"希特勒白栽培他了,敬个礼也不肯,真他妈的!"

三

我一直认为萧乾属于天底下为数不多的勇敢男人,战争是表现勇敢、承担责任的最佳机会,作为第二次世界大战西欧战场上唯一的中国记者,他亲历了两次轰炸伦敦,随美4军挺进莱茵河,还是攻克柏林后首批进城采访的战地记者。我这里讲的勇敢具有两层含义:一是明知有危险而临危不惧;二是内心自由不受金钱权力等物欲的驱使。

第二次世界大战结束后,疲惫不堪的萧乾满怀着赤子之心回到祖国,看到国内腐败甚为愤懑。"余以人民利益为至上,国家利益为第二,党的利益为第三。"为躲避迫害,萧乾佯装洋人以"塔塔木林"为笔名,抨击社会不公。他呼吁:"民主在中国不再是专供玩弄之名词,而应变成一种上下共同持有的态度!""民主的含义尽管不同,但有一个不可缺少的要素,那便是容许与自己意见或作风不同者存在。"他还呼吁文艺界应该"为祖先为子孙,替窒息而枯

暖风

涸的文坛开条生路,想法增加作品的销路,保障其著作版权,减少官方登记的留难……把笔放到作品上,以知其不可为而为之的精神,写下这一辈中国人民的希望与悲哀、遭际与奋斗,使文坛由战场而变为花圃:在那里,平民化的向日葵与贵族化的芝兰可以并肩而立。"

1946年,萧乾借英国文豪萧伯纳年逾九十生日那天还为原子问题向报馆投稿之事,批评中国文人不该在国家贫血、国民神经衰弱的国情下以权威自居,动辄操办五十大寿,劳民伤财,腐蚀民众。这样无意中开罪了操办五十大寿的"文艺界的最高领导"郭沫若,引来飞来横祸。郭老祭起红色大旗,将沈从文斥为"桃红小生"、朱光潜贬做"蓝色警察"、萧乾则沦为反动的"黑色鸦片"。郭老写道:"什么是黑?人们在这一色下最好请想到鸦片,而我想举以为代表的,便是《大公报》的萧乾。……舶来品中的阿芙蓉,帝国主义的康伯度而已!摩登得很,真真正正月亮都只有外国的圆。……钻在集御用于大成的《大公报》这个大反动堡垒里大量发散其为幽渺、微妙的毒素。"

1957年,萧乾与几十万知识分子因右派沦为次等国民,一去22年。"中国向来对活人刻薄诋毁,对死人忠厚宽宏。""越是对有能力、贡献大的,下起手来就更凶狠,株连起来也漫无边际。"可勇敢者萧乾从未在训斥面前低过头,"继续为这个东亚病夫挤脓、剜疮、清除积垢"。"尽管自己不是马列学院的毕业生,手里什么地图都没有,可作为普通中国人,更希望自己的国家摆脱贫穷愚昧。""人类历史绝不是命定的,它是由有脊骨的人们用血肉筑成的。""和平时期的冷静、坚定、尽责比不上战士的英勇,可的确是好公民的起码品德。"

1999年2月4日,北大老学长张中行做九十大寿,管鲍之交鱼龙混杂,我夹杂着与张中行、启功、王世襄、钟敬文共坐一桌。席间张中行列数居京老友沧桑飘零,我插话说前一天去看望萧乾,他由于大面积心肌梗塞、冠心病、肾功能衰竭等病,已经在北京医院住了一年有余。一句话引得诸位九十老翁唏嘘不断，说这都是由于年轻时为国九死一生，不懂保养，过分透支了生命。人到中年，连连反右文革，在牛棚喝了太多脏水，切去左肾……看着诸老摇头晃脑感慨万端，我怎么也没想到我师萧乾在文化界著名耄耋老者中竟有如此好的口碑。启功老对我苦笑道："我是满人，满人是胡人，胡人是胡说八道之人，代表不了主流社会。萧乾是蒙古人，蒙人和满人一样都是胡人，在今天时髦社会都属于北方少数民族。"

四

海湾战争结束后我上司心血来潮，突然看中我的领袖天才，想让我当新闻中心的头儿。尽管我这人素来政治觉悟低，深知当官紧邻发财，可鬼使神差恍惚觉得这件事本身就很悬。于是找到我师萧乾，萧乾慨然长叹："民国以来，中国的毛病是官员们做的是民国的官，心里却还在当皇帝。"我这才知道还是当我的记者好。负隅顽抗了半年，终于遂愿去了中东。行前与萧乾道别，他送我一本《红毛长谈》，题字："师曾同志惠存。萧乾1991年11月。"踌躇一阵又找出一本《西欧战场特写选》给我，题词道："师曾同志，跑吧，跑吧，把世界跑遍，但不要忘记写日记、记笔记、积累生活经验。萧乾1991年11月。"他告诉我，但凡伟大的作品实质上多是自传性的，一个人只能活一次，要尽量体验多种人生。接着萧老让夫人文洁若去休息，说他"要和唐老鸭谈些男人之间的事"，由锻炼身体、注意卫生到结交女友……连我老爹都从未如此细致地指点我的人生。关照再三，才依依惜别。

次年4月中旬，我在利比亚班加西附近采访卡扎菲后，给我师萧乾寄了一张与卡氏的合影。6月17日萧乾给我老爹写信："您可真培养出一个虎将，它的前途是不可计量的。与卡扎菲的合照我认为应刊载（如新华社的"参考报"），如能有师曾的访问记则更为出色。因卡扎菲确实是80年代的新闻人

暖风

物，我一直以为他是位混世魔王。师曾的文及画如交给新华社的出版社编成一书，定能畅销。希望老鸭多掌握外语。"

在萧乾指示下，我在开罗连夜炮制了《我见到了卡扎菲》，"图文并茂"地寄回北京。因不合时宜辗转多处，最终被《世界博览》主编任幼强一眼看中，头版头条全文刊发，从此开始我在《世界博览》的连载生涯，由此萧乾把任幼强大姐比做"唐老鸭的杨刚"。因为当年萧乾走上新闻道路，也是多亏一位未名湖校友——杨刚大姐帮助，才飞向世界的。从此日渐发现，我与萧老相似之处日多，连生日都同为一月下旬，萧老笑我："跟人学，变狗毛；跟人走，变黄狗……"我接着唱："跟人上大街，变个大土鳖；跟人迈门槛儿，变个炉灰渣儿……"

此后萧老软硬兼施，硬逼着我这只"懒鸭"把海湾战争亲历写成一本图文并茂的小书，他亲自给我作序。这才有了那本至今已畅销20多万册的《我从战场归来》。

1995年2月，萧乾把再版的《人生采访》送给我，自称他自己"总把生命看做是一次旅行。作为采访人生的记者，不能老待在上层，处处占上风，甜酸苦辣都得尝尝"。"自然美大有可描述的，我们更应该继承杜甫那种一生关心民间疾苦的衣钵。""一个驻外记者的心情就更是这样。看到好的，恨不得立刻把它带回国来。看见不好的，总希望家里能幸免。""我认为一个记者最起码的职业道德是讲真话，实事求是，或者至少做到尽量讲真话，坚决不说假话。"此后我到贫困的鄂西北神农架寻找野人、独自驾车环绕美国、不间断地给《世界博览》写连载……都不忘我师教诲的写作真谛。

与萧乾同时代的旅美记者赵浩生教授对我说："世界上大多数新闻记者的作品，生命力不足一天，有些特定地区特定时代的新闻作品寿命更短。现在有些记者不会跑新闻，或者会跑而不会写新闻。萧乾不同于一般记者，他的作品不仅有新闻的时效，而且有文学的艺术、历史学的严谨。他把文学技法，把对历史的严肃感情写进新闻，所以他作品的寿命不是一天，而是永远。萧乾是一个成功的人。"

五

现在我不仅崇拜萧乾九死一生的人生，更崇拜他坦然面对死亡的超然态度。他镇定地把庄子"生也死之徒，死也生之始"与英国诗人约翰·邓恩"人的一生是一种死亡过渡到另一种死亡"联在一起，把人生说成是生生死死的连环套。文革"黑色的世界笼罩头顶时一度把死亡看得比生命更美丽"，他索性吞下一整瓶安眠药，结果被人发现后送至隆福医院强行洗胃，自杀未遂。尽管我师萧乾归根结底是热爱生命的，可这匹识途老马已经预感自己走到生命的尽头。1999年1月27日，萧乾按中国传统给自己过了虚岁九十大寿生日，朱镕基亲笔致贺："我在中学时期，先生就是我的文学启蒙人之一。先生毕生勤奋，耕耘文坛，著作等身，为中国的文学、新闻、翻译事业做出了宝贵贡献。"其时已死过几遭的萧乾大概再次听到了死神的脚步。

1999年2月3日是星期三，按星相学每逢三六我逢凶化吉。在此之前我大病住院一直没敢去看我师萧乾，原因之一是怕两个病篓子互相交叉感染；二是由于朋友嘲笑我命硬妨人。因为我采访过的陈岱孙、潘国定相继过世，吓得我九十岁的姑父邓广铭不敢让我去医院看他。直到我手术、住院、获释出院，才获悉邓广铭教授已然仙逝，我这才恍然国宝们相继陨落与本人无关。尽管如此，我还是没敢贸然参加我师萧乾的九十华诞。偷偷查了皇历，择良辰吉日，去北京医院看望萧乾。

辗转找到北京医院D214病房，我全身紧张不敢敲门，担心贸然前来，萧老耄耋之年是否还记得我这个倒霉蛋。我轻轻推开房门，只见我师萧乾仰面朝天躺在昏暗的病房里，原本仪表堂堂的大汉，已缩成一个小老头。病房内四季

暖风

换洗衣服、咸菜腐乳一应俱全,一双破布鞋摆在床边。

听到人声,萧老睁开睡眼,喊着"唐老鸭"一脸委屈地坐了起来。由于他鼻孔、四肢插满了各种管子,只得把起居生活固定在管子长度的范围之内。萧老熟练地捋顺管子,侧身蹭到沙发里,坚持坐起来听唐老鸭讲讲外面的事情。他见我掏出照相机,竭力想拔除鼻子上的细管,做出英武之态,但旋即就放弃了努力。他让我不要在他身上浪费胶卷,省下胶卷去拍普通人。他还要求我永不停息地闪击,"要想办法重返中东,实现从金字塔到万里长城的梦想"。他不顾自家病危,反倒关心我的病情,问我何时可以恢复工作。我说我正像神农皇帝一样遍尝百草,一位中医给我开的药方竟是每天活吞四个麻雀头。萧老听罢大笑,说国术历来如此,他自己十岁前也喝了不少兑香灰的圣水并囫囵吞下一只活癞蛤蟆。提到蛤蟆我向萧老吹牛,说我可以一整天不喝不尿,这是多年追逐新闻锻炼出来的特异功能。萧老闻言连说不可,当年他被押送渤海劳改,十几人合睡大炕,众人劳累一天,起夜颇不得人心,为免犯众怒少惹乱子,他干脆过午滴水不进。当时他颇为得意,以为找到人生窍门,谁知日积月累盐碱水在肾里结成一块块碎石。直到十几年后偶然照X光,左肾阴影,才发现一大簇肾结石,最大的已有蚕豆般大,手术开刀从此失去一个左肾。

说到这里,萧老已经衰弱得不能再讲下去。"唐老鸭,现在只能你说,我听了。"说着疲倦地闭上了眼睛。见我没有动静,他催促道:"快说!唐老鸭,我在闭着眼睛听呢!"我强忍泪水抖擞精神,向我师报告独自驾车环美采访的经过,讲一个礼拜挨三次骨穿,讲《我钻进了金字塔》、《我从战场归来》一路畅销已经累计卖了几十万本……萧老嘴角嚅动:"五年前,我就说过你行。"当我毫无遮拦地比较中国、中东、美国文化风物时,他喃喃自语:"你胆真大。或许你更应该重返中东,或许能为人类干点儿大好事。"临别,我蹲在我师膝前,拉着他柔软的手,问他需要什么吃的,我下回带来。他说:

这个世界是有趣的

"给我带些杂志,你看过的旧杂志就行。"临出门还不忘再次提醒:"千万别忘了重返中东,再来一本《重返伊拉克》。"

想不到这一别竟成永诀,那天我顺手拍的几张照片,竟成绝照。次日我师萧乾不幸摔倒,从此昏迷,1999年2月11日18时仙逝于北京医院。就在萧老逝世前一天,《北京晚报》还发表了他最后的一篇散文:"在医院的这两年我经常想到死亡这个词,人在一场假死之后,就能正确地面对死亡了。死,使我看透了许多,所以从1979年重新获得艺术生命之后,我就对自己发誓要跑好人生的最后一圈。"

同天,汕头89岁的小学教师萧曙雯突然梦到萧乾,萧老太太是萧乾长篇小说《梦之谷》中"漂亮的大眼睛的潮汕姑娘",是萧乾的初恋情人。"那天我突然做了梦,梦见萧乾坐在椅子上,面带微笑,过了几天就有一位朋友告诉我这个不幸的消息……我一直都在寻找刊登这一不幸消息的报纸,一直都没有找到。"

早在20年前萧乾已经为自己拟好了墓志铭:"死者是度过平凡一生的一个平凡人。平凡,因为他既不是一个英雄、也不是一个坏蛋。他幼年时是从贫苦中挣扎出来的,受过鞭笞、饥饿、孤独和凌辱。他有时任性、糊涂,但从未忘过本。他有一盏良知的灯,它时明时暗,却从没熄灭过。他经常疏懒,但偶尔也颇知努力。在感情漩涡中他消耗——浪费了不少精力。中年遭受过沉重打击,如晴天霹雳。他从不想做官,只想织一把丝,酿一盅蜜。历史车轮,要靠一切有志气的中国人来推进,他也希望为此竭尽绵力。这是一个平凡人的平凡志向。他是微笑着离去的,因为他有幸看到了恶霸们的末日。"

1999年2月24日,中央文史研究馆馆长、著名作家、记者、翻译家萧乾同志追悼会在北京八宝山革命公墓举行,著名记者爱泼斯坦、前北大校长丁石孙、书法家启功、剧作家吴祖光、遗孀文洁若、子萧驰、萧桐等出席。我为我师萧乾拍下了最后一张照片。

暖风

《我师萧乾》发表之后,收到萧师母文洁若的信:"师曾同志:那天香港《大公报》驻京办事处给您打电话时,我刚好在场。《我师萧乾》是迄今我看到的写萧乾的文章中最好的一篇。我把他寄给马来西亚柯杰雄去发表,没有稿费。如果同意,就不必打电话了。文洁若1999.5.10."

这个世界是有趣的

乔布斯咬了上帝的苹果

朱大可

资本主义的私生子乔布斯，一个稀有的商业天才，向我们展示出技术美学和器物美学的奇迹。而在这方面，另一个叫比尔·盖茨的人，只能望尘莫及。比较一下苹果和微软的视窗平台，就连一个傻瓜，都会做出正确的评判。

技术美学的成就，导致苹果电脑成为全球设计师的最爱。但是，IPHONE和IPAD的最大意义，并非只是技术创新，而是对人性的透彻掌控。乔布斯究竟发现并建构了什么呢？首先是它的功能性——满足从到资讯到游戏的多重需求；其次是便利性，它的"一键还原"，令此前所有手机都黯然失色。

但乔布斯主义的最大特色，还在于工业美学的成就。从未有过任何一款电脑，像苹果那样昂贵，同时又符合精巧、轻盈、简洁、光洁、华丽和匀称的美学尺度；也从未有哪一种手机，像苹果那样，从手感、质感和美感等诸多方面，企及电子器物美学的巅峰，征服了全世界的设计师和手机民众；从未有这么多的电子企业，疯狂抄袭苹果的每一个细节，制造出大量外形酷肖的克隆物。

我们已经发现，正是乔布斯本人，推动了两种类型的崇拜：对美妙的登峰造极的器物及其技术的崇拜，以及对其发明者也即他本人的崇拜。这是器物崇拜在符号资本主义时代的最高典范。随身电子器物，在一个中等价格的平台上，达到了可以进逼著名奢侈品牌（如卡地亚珠宝和迈巴赫汽车等等）的级位。在精神性从人类舞台退场之后，大众日常器物，第一次洋溢出耀眼的美学光辉。

乔布斯的苹果电器是个巨大的财经黑洞，它比任何奢侈品都更强大，有力攫取着消费者的财富和激情。乔布斯的成功秘诀在于，他比其他商人更机智地洞察人性的弱点，并巧妙地加以利用，那就是哲学家所指陈的游戏精神。

利用人性的诸多弱点，是消费主义的逻辑起点，也是资本主义市场的基本法则。但此前还没有任何时代，像符号资本主义那样，赤裸地表达这种商业真理，并把它变成一种大众崇拜的神坛。

在人性的复杂谱系中，陈列着若干可以被市场利用的娱乐基因，目前已经被明确指认的，有情欲、暴力欲（施虐和受虐）、窥私欲、游戏欲和赌博欲等等。它们是五枚奇异的果子，高悬在"知善恶树"的枝头上，等待人类的摘取和偷食。

当年在伊甸园采取违禁行动的，是一个叫做夏娃的女人。她偷吃的第一个果子，名字就叫情欲（有时叫做"智慧"）。她就此发现了情欲、做爱、羞耻和遮蔽的真理。但关于圣园里的果子，此后出现了诸多分歧。它最初被认作无花果，一种人类最早培育驯化的果树。来自考古学的证据表明，人类种植这种植物的历史，长达一万年以上，它的果实是夏娃的第一道美餐，而宽大的叶片，则是人类史上的第一件生态内衣。

但后世的伊甸园叙事，却更倾向于苹果。这种原产于欧洲、中亚、西亚和土耳其的物种，品种多达7200个，遍及世界的每个角落，由此变成被广泛认知的符号，最终，这种寻常的圆形水果，取代了比较稀少的无花果，成为人类始祖原罪的世俗象征。

按圣经《旧约》所给出的描述，伊甸园里有两种树木——生命树和知善恶树。但《旧约》仅仅讲述了后者的故事。此外，知善恶树上的果实数目，也

这个世界是有趣的

从未被人披露。它似乎是一个重要的神学秘密。但根据密码学的原理，上述两种树的密码可能是互文性的，也就是A树的密码在B树身上，而B树的密码则含于A树之中。这就意味着，生命树可能就是我们解读知善恶树的唯一线索。只要盘查一下犹太秘教的其他典籍，我们就能找到有关于生命树的细致描述。例如，著名的卡巴拉生命树体系，含有3个支柱、10个圆和20条路径，而这10个圆圈，就是知善恶树上10枚苹果的隐喻。它曲折地揭示了后者的数字机密。

在中国四川三星堆，4500年前的青铜神树被挖掘出来，上面悬挂着9只小鸟。它们是9个太阳的象征，也就是9个圆或9只苹果的转喻。这正是被夏娃光顾过的知善恶树。在后夏娃时代，苹果还剩下9只。三星堆的神树，内在地呼应着《旧约》的传说。

伟大的基督诞生之后，那些被偷尝后剩下的九只果实，被使徒们藏匿起来，长达数千年之久。直到资本主义运动的降临。资本家们利用了第一只，并且发现了另外三只，此外还有六只已知或未知的禁果，分布在更隐秘的地点，以待新一代天才的发现。

为证明乔布斯先生的创新贡献，我们不妨简单回顾一下人类偷尝诸果的现代简史。

1964年，传媒大亨默多克在创办《太阳报》，以简单廉价的方式，同时满足了人类的三种欲望：刊登色情漫画专栏（情欲）；发布各种战争暴力的新闻和深度报道（暴力欲）；捕捉英国王室的绯闻，并把追踪机制从狗仔队发展到对名人的全面窃听（窥私欲）。香港人效仿默多克，创办《苹果日报》，堂而皇之地把咬了一口的苹果，作为自己的刊名和标识，由此引发港台传媒和中国大陆传媒（主要是"都市报"类型）"苹果化"的狂潮。

第四只苹果的雏形出现在1962年，比太阳报还早两年。一位叫斯蒂夫·拉塞尔的大学生制作出《宇宙战争》，试图打开游戏的潘多拉之盒。但直到1970年代，随着苹果电脑的问世，这种电脑游戏才真正进入市场程序。而这正是乔布斯的功绩,经过数十年的营造,他的I系列电子产品,以游戏欲的密匙,利用手机和平板电脑为操作平台,打开了全球电玩市场的大门。

乔布斯深谙成人内心的儿童本性,以及遁入游戏来逃避现实的强大欲望。正是他咬了第四只苹果,并把它稀释成大众牌果酱,分配给全球的苹果用户,让他们在一件精美的随身电子器物上实现游戏梦想,而无须端坐在桌面电脑前,或跟其他人合作玩桌面游戏。乔布斯让游戏变得很轻,犹如一种贴身的呼吸。这是器物游戏的最高境界。但全部游戏的最终结局,就是人在其中丧失自我,而成为一个虚拟的存在。游戏是消解人的本质的重要手续。

下一轮器物发明的主题,也许将围绕电子赌博产生。它是目前已知的第五枚娱乐禁果。基督徒乔布斯已逝,电子消费的市场,需要一个更为年轻而强悍的天才,战胜宗教伦理的障碍,以继续唤醒人类内心涌动的欲望。

人类偷尝各种禁果而解放欲望,并创造出全新的科技文明,更由于放纵这欲望和智力而受到诅咒,加速毁灭的进程。那些器物像弗兰克斯坦那样,成为脱离控制的创造物,并反过来消灭人本身。这一悲剧性的命运,被先知们千万次地书写在史诗、小说、电影和启示录里,《2012》是其中最具视觉魅力的文本。它是无比感人的视觉劝喻,却无法动摇符号资本的根基。

消费大众对此无所畏惧。他们在为创新和技术进步而狂热地欢呼,并把这位叫做乔布斯的苹果偷食者,送上粉丝簇拥的高大神坛。也许再需100年,人类就能找到其余的五只禁果,果敢地吃掉它们,设计出更多新奇的怪物。正因为如此,一个可以预见的场景将是这样的:在宇宙的某处,将有一座地球人类的坟墓,上面矗立着由神亲手种植的小树,它会在宇宙时间里缓慢长大,成太空中最孤独的标记,而它的名字就叫"苹果"。

润

猫的喜剧

马未都

观复博物馆院内有四座大缸,虽说比不过故宫的大铜缸,但也有模有样,夏天养水葫芦,开起花来满院温馨;冬天养鱼,围上保温垫,上面加盖一块大玻璃,鱼儿就可以优哉游哉地过一冬,观众来时可以在北方凛冽的寒风中看见处事不惊的红鱼。

麻条条(猫名)冬天愿意去院子里溜达,累了就选择一个舒适的地方趴会儿,顺便看着人来人往的大千世界。这地方就是盖在大缸上的玻璃,玻璃下有游鱼,有温暖,有想像,麻条条趴在上面十分惬意。谁知春天一到,大玻璃被工作人员收了,忘了与麻条条打招呼了,麻条条在一个和煦的春天上午,从地上高高跃起一米多,跟星跳水立方一样,重重落水,落汤鸡般被人救起,此是后话。

润

  自打喜鹊在博物馆树上筑巢开始,观复猫们私下开过会议,议题大概是喜鹊私搭乱建,非整治不可。几只猫随后天天在树下值班,大肥老谋深算,枪枪举重若轻,条条如影随形,大家一致对外,摒弃前嫌。猫们个个没有颈椎病,从早到晚,仰望星空般地脚踏实地,行注目礼,个个跟城管似的。我先没在意,觉得这一幕也算和谐,天上飞的和地下跑的,井水河水,可谁知当喜鹊筑巢即将完工,满树成荫之时,喜鹊不见了,愣是被文明执法的城管猫们轰走了。我隔着玻璃长吁短叹,深知社会管理的不易。

  猫的喜剧天天发生,可惜猫们不知道自己是主角,天天登台,无须演练。自以为是的人们其实在生活中多是悲大于喜,还凡事瞧不上眼。人类自己再傻,看其他事物也比自己的傻,我忽然想到,是不是我们人类在猫的眼中并不是悲角,也是一个喜角?只是傻得更加可爱。

咸　菜

马未都

半夜胃酸，醒了。起来到厨房找咸菜，一个精致的小瓶，装着八宝咸菜，旋开盖，夹出几块，放入口中，不怎么咸，又夹了一筷子才回到书房。

咸菜是小菜，却是过去生活中的主角。那时的咸菜名符其实，咸，为了下饭。凡是从六七十年代走过来的人，都有过以咸菜作为主菜的日子。咸菜中有一种最廉价，因而最普及，芥菜疙瘩，又称大头菜。用盐直接腌制的北京叫水疙瘩，用酱油腌制的高级一些，叫酱疙瘩。不管水疙瘩还是酱疙瘩，都可以直接吃，还可以切丝切片拌着吃，更讲究一些的还可以炒着吃，炒时放入辣椒，在贫困时期已算是至味了。

芥菜是个大家族，有好多种，有叶用的，有茎用的，有苔用的，还有根用的。叶用最有名的过去是雪里蕻，算是变种；今天最有名的广东人叫盖（芥）菜，清炒、蒜茸、上汤随意。根用的变种算是榨菜了，无人不知，再有就是大名鼎鼎的大头菜。据说是诸葛亮隐居襄阳时发现的，一次他得了病，上山采药，偶然挖出了这种萝卜不萝卜，土豆不土豆的东西，回家一炒还挺好吃，大家问这叫啥菜呢，诸葛亮不假思索地说叫大头菜，再后来人工栽种多了，一下子吃不了就腌制起来，携带方便，聊补无菜之虞。襄阳人就叫它诸葛菜，也有叫孔明菜的。

写此小文时,满口涎水,家里没有馒头,没有辣炒大头菜,只有点心面包,还有那不咸而美化了的咸菜。现在生活好了,咸菜也就不咸了,咸菜不咸了,日子也就淡了许多。今天吃什么大菜也不香了,过去穷日子里一天劳作下来,饥肠辘辘地拿起刚刚出锅的雪白大馒头,掰开夹上一兜子咸菜,深深地咬上一口,那滋味今天就剩下回忆了。

曹雪芹的奇迹

张颐武

中国现代文化一直感到困惑也一直在深入探究的，就是曹雪芹这个人物的命运和身世。他一直是现代中国文化的传奇，也是现代中国文化的最重要的焦点之一。在他身后的一百多年的中，中国仍然处在传统社会中，这个人和他的作品虽然已经流行，却是社会主流之外的边缘的存在，他的巨大的意义还在等待五四之后的现代中国人发现。他其实是传统中国给予现代中国人的最伟大的遗产，其价值却有待现代中国的判断和理解。他这个人的文化创造《红楼梦》如同一块和氏璧，等待着历史和读者的理解。正是由于现代中国人有了不同于传统的价值观，他的《红楼梦》今天的中华文化的最重要的经典地位其实正是中国的现代文化所赋予的。现代中国文化的一个重要的方面是对于曹雪芹的重新发现。从中国现代文化的重要开拓者胡适，到周汝昌这样以曹雪芹和《红楼梦》为毕生志业的学者，这些知识分子都在《红楼梦》的作者的确立和曹雪芹的生平的研究和方面倾注了心血。

曹雪芹的独特之处在于，他的生平事迹其实只有一些模糊的线索，他的坎坷的一生只有一些节点为我们所了解。关于他的生平事迹和家世的考证现在是现代文化中独特的"红学"中的一个分支"曹学"研究的对象。他作为《红楼梦》作者的身份也曾屡受质疑。但这其实是传统与现代之间的断裂的一个表征。在传统社会中,小说是一种文化等级相当低的类型,小说既无法给作者带来社会声誉,也无法带来经济的收益,而小说的传播同样难以带来经济收益。因此,小说的著作权对于传统社会来说没有意义。"作者"的概念,在福柯看来其实是一个和市场中的交换关系之中的所有权紧密相关的概念。所以,中国古典小说的作者,除了不多的有清晰记载的作品之外,其实都是在现代才通过深入的研究才确立的,而像《金瓶梅》这样的作品的作者究竟是谁到今天也还是学术界研究的对象。但曹雪芹却是一个类似莎士比亚一样的象征性的人物,他是中国古典文学最后的成熟的典范的作家,是中华文化传统的最后的集大成的符号。世界许多国家的文化中都有传统的殿军,也开启了新时代的象征性的人物,如莎士比亚或塞万提斯这样的人物,曹雪芹无疑就是这样的人物。而《红楼梦》谜一般的诸多神秘性的现象,诸如未完成的状况,人物的命运和归宿所留下的诸多的线索和暗示等等都赋予了作品一种难以言说的吸引力。

  曹雪芹只有未完成的《红楼梦》,但这却是现代中国的作家文人们不断回首的典范,是具有高度当代性的作品。像张爱玲的晚年隐居美国,把大量的精力倾注在《红楼梦》的版本的考据和研究之中,而像王蒙、刘心武这样的当代作家,也都是以作家的身份进入了《红楼梦》和曹雪芹的研究。谈"红"是现代中国文化和传统最直接的交汇点。曹雪芹和《红楼梦》的研究从来不是一种纯粹的学术研究,不是对于古典知识的认识和分析,而是始终"活"在当代中国人心中的现实的存在的阐发,是当代性的展开。《红楼梦》对于当代人的意义似乎远远超出了《三国演义》《水浒传》和《西游记》,那些作品都是以古典文化经典的形象成为我们的知识的一部分。但《红楼梦》却仿佛是一部现代的文化经典,是古典跨入现代,介入现代的标志。曹雪芹的这部未完成的作品和他本人一样好像始终活在今天。于是通过探佚发掘未完成的部分,也还能够为社会所接受。如1987年版的电视剧《红楼梦》就用了探佚的成果作为故事的结尾,而抛弃了高鹗的续书,而为这部书写续书的尝试也层出不穷。这也为这部著作的当代性提供了有趣的例证。

但《红楼梦》跨文化传播由于它的深刻和复杂反而有些障碍,太深入地反映了一种文化的特质和精神,在传播过程中就存在一定的跨文化的难度,因此,从介绍曹雪芹作为文化象征性人物的高度价值和他的著书的过程入手,由此让人们更好地认识《红楼梦》的价值也是具有很大意义的。曹雪芹当年在北京西山一带活动这一点已经有相当多的共识,对于这一文化遗存和历史记忆空间的保存和传播自有其相当的价值和意义。我们需要让中国的年轻人了解曹雪芹,让世界各国的人们像尊重莎士比亚或塞万提斯一样地尊重曹雪芹。

文学对生活有影响力吗？

阿 来

已经有三年多时间，我没有进行小说创作了，今年冬天，我开始写一部小说，写到十多天后，又停了下来。写作中的小说沿着小说的逻辑在进展，按照人对于美好生活的渴望在深入，我想，这应该是一部好小说，可是，我终于还是失去了继续下去的热情，在写作了五六万字后，终于停了下来。不是我失去了一个小说家基本的能力，使我停笔的唯一原因，是残酷的现实。是的，在我周围，现实正以一种非理性的，完全没有善意与诚挚的方式匪夷所思地展开着。

自从有文学产生的那天起，文学表达就坚持着一个非常强烈愿望。希望这个世界上的人心灵积极向上；希望生命被尊重；希望一些人不是生来高贵，而大多数人生而卑贱；希望被少数人垄断的知识、财富与政治权力能被普通民众所享有。我们这些从事文学的人，怀揣着自己的天真，想以自己在文学中表达的强烈祈望来使人受到感染，即便是进行剖析、批判与质疑的时候，内心深挚的本意，也是希望社会正常与健康，在这个社会中的人心灵可能得以丰满，人可能得以独立，对所有事物作出自己的判断。

但每一次写作的完成，都使我对今天文学能否以经典理论所表述的那样对社会对生活产生影响产生强烈的怀疑。

这种怀疑使我成为了一个低产的作家。

这个世界是有趣的

每写完一部小说，我都会期待着某种自己预期的反响。这个反响不是文学当下消费社会中如何获得各种文学奖，如何获得高额的版税，如何进入畅销书排行榜，而是希望所表达的内容，表达这些内容时所蕴涵的情感与思考，能对读到这本书的读者的产生某种激荡；或者说，对被惯性思维所控制的人们有所触动，使之从被动接受的意识形态中摆脱出来，站在一个人的角度反思历史，考量当下，憧憬未来。我以为，对于青藏高原这块被高峻的雪山与宗教思想禁锢了千年的社会与人群来说，这样的激荡尤为必要。只要我们不是期望一个族群在整个世界发生着日新月异的文明进步的时候，使自己成为一块文化化石，供人参观、赞叹，然后遗忘，那么，这种智性的激荡与冲击是必须经历的。我不奢求人们同意我的看法，我只期望我的作品引起人们的思考，但情形却往往不是这样。

我的第一本长篇小说《尘埃落定》（在英国英文译本名为《红罂粟》）算是一部历史题材。写上个世纪前五十年，青藏高原的边缘地带一个得到中央政府承认的地方政权的瓦解。这是一个以小见大的故事。从中可以联想整个西藏地方政权的垮台，甚至可以联想所有固步自封的政权的危机。这个政权的覆灭，流行至今的简单解释就是外力的进入，其实，在此之前，这个封闭社会的内部也发生了很多事情，腐败、愚民对有限度改革的抗拒，对改革意识与新思想的钳制，教权与僧侣集团利益至上……如果用一座房子作比方的话，这座房子早就变得老朽不堪了，只要外来的一阵风，只要这风稍稍强烈一点，它就要轰然倒下了。我的这本书，从一般意义上讲，算是一部成功的作品。但就我本意来说，我不是要人将其看成一个虚构的遥远传奇，一个叙述奇异故事的精致文本——虽然那个封闭世界中的确有许许多多匪夷所思的奇闻轶事。我的本意是提供一个有现实意义的样本，文化的样本，世俗政治的样本。中国人看历史有借古知今的传统，我想，我的文本也要提供这样一种有价值的认知，但是，我想它只是在很少人那里得到了我期望的回应。更多的人，是以一个传奇故事，一个比较完美的叙事文本来看待这部作品，而且，还有更多的人在否认这部依据大量口传材料与历史文献所呈现出来的那些基本的事实。比如，我曾为了这本书在欧洲大陆上旅行，在一个城市接着一个城市的朗诵会上朗诵这部小说，并和它的欧洲读者交流时，也有生活在欧洲的我的同族同胞来参与。我很记得，会后交流时，一位同胞对我说，书写得很好，但是你写西藏杀人，我们西藏怎么会杀人呢？我只好回答，那可能是因为这个世界上有两个西藏。一个是我生活至今的那个西藏，一个是你从欧洲梦想的西藏。

前面说过，从寻常意义着眼，这本书是相当成功的。在中国国内是畅销书。得过国家最高的文学奖项，有十数个外文译本。但最大的遗憾是，期待中的意义没有出现。这个意义，就是希望对一些特定的人群产生一些特定的影响。大家一起来反思，当一个文化出了问题，出了大问题时，被其支配的族群的悲剧性的命运。以求人们的觉醒，以求人们思考这样的问题：这个族群是被动地顺从时势的变迁，还是从自我的内心唤起革新的愿望与行动。今天，不止是藏族人，世界上也有很多人都在用各种方式谈论着西藏的文化，西藏文化的危机与可能的消失。这些谈论中，有着理性的声音，但大多却服从于某种意识形态立场而罔顾事实；这些谈论，也有基于事实的"理解之同情"，但大多却预设立场，而失之偏颇。是的，西藏文化的确面临危机。但这个危机，在我看来，还是至少千年以来，这个文化缺乏了自我革新与进步的能力所造成的。如果我们对这样的问题没有反思，没有警醒，没有行动，那么，这个汹汹向前的世界，不会给任何一种不变的文化预留下最小的生存空间。

写完这部作品，我差不多有十年时间没有写作。

十年后，我才开始陆续写作并出版我的第二部长篇作品。这一回，我转而开始观察现实，上个世纪后五十年，青藏高原东北部一个藏族村落的历史。这部作品，是一部观察纪录。观察与纪录一种文化，以及这种文化支配下的人群如何艰难地面对变化，适应变化，但并不知道最后会被这变化带向何方的一个

这个世界是有趣的

样本。这些人所以不知道也无力操控自己的未来，因为他们只是一群偏远山地的没有文化的农民。但是，这个族群也有越来越多的人受到现代教育，但却很少有人愿意思考这样的问题。每个人都感到危机，却又少有人思考危机产生的前因后果。简单的方法，就是在两种意识形态之间挑边站队，获得某种"政治正确"，从此解除了现代社会中每一个人都应该承担的个人责任。这部书，甚至连商业的成功也没有取得。

当然，直到今天，我还在继续写作。明年某个时候，在英国，我的第三本长篇小说《格萨尔王》英文将得以出版。在这本书中，我又离开现实社会，上溯了一个基本没有被佛教教义所笼罩的英雄主义时代。史诗时代。如果说传统，那是一个被中断了的传统。我在书中发出了追问，这个传统如何被中断，而被别的文化所取代，让别的文化传统所遮蔽？但是，我却听到了别的追问：为什么要发出那么多基于怀疑的追问？

记不得在哪一本书中看到过，说作家都是一些失败者。我不知道别的作家同不同意这个说法，但从试图以自己的作品有限度地影响他人，最终有益于社会的进步与人心的解放这一点上，我可以肯定自己是一个失败者。

严酷的社会现实让我意识到，当期待中写作的意义消失，我继续坚持写作的唯一理由，似乎就只能是为了自己的内心，就只能是对这个所有人都必须作非此即彼的选择的社会的一个小小的反抗。也许，将来的人在做文化考古的时候，在政治岩层的夹缝中，发现一颗小小的化石——凝固了一种不服从的挣扎的姿态。

前些天，有位朋友寄了几首刚写成的诗给我，其中有这样的句子："我还没有在历史中看见我，那是因为历史走在了我前面。"我想，我可以改写这个句子："我没有在生活中看见我，那是因为生活走向了我的背面。"

但是，即便这样，我还是会坚持我的写作，因为在今天这个处处都追求成功的社会里，做一个失败者也是一个勇敢的选择。

一粒怪异的种子

詹国枢

《小时代》的意外大卖让郭敬明又"火"了一把!这位身形瘦小、眯缝双眼、据说身高不足一米五、染有一头金黄头发的文艺青年,令影视圈大腕们大跌眼镜,实在搞不懂这么一部既无思想又无情节、被一些人称"烂片"的东西,咋会将不少名导精心炮制的大片抛在身后,以6天3个亿的票房再创国产片奇迹!

更叫人想不通的是,郭氏曾经的那些情节琐碎、轻飘浅薄、物欲膨胀的文学作品,为什么会受到那么多青少年狂热追捧,不但出一本红一本,而且其所率团队打造的大体类似的小说、散文、杂志等出版物,也是纷纷攻城夺隘,取得不俗战绩?西谚有云:存在即合理。歌词唱道:没有人能够随随便便成功。郭在中国的走红,有其深厚基础,亦有其必然性。笔者以为,郭氏身上,有三个特点,非常突出。

其一,天分。郭自2002年由四川自贡考入上海大学,入学未久,中篇小说《幻城》便在《萌芽》发表并引发热议。第二年,续写而成的长篇小说《幻城》出版后销量即近百万册!他索性辍学,专事写作,不但一部又一部小说大获成功,还组织公司,签约作者,短短几年即弄得风生水起,成为中国作家富豪榜和畅销榜双料冠军(去年,其收入甚至超过莫言)!不但在静安区以9

位数买下三层洋楼,还为爹妈购置豪车,自此扎根上海,雄视天下矣。"郭小四"的文学天分与商业头脑,旁人不愿承认也不得不承认。

其二,坚韧。郭自称是来自"小地方"的人,小地方的人发起飙来,尤其厉害!身为普通工人和银行职员的父母,没给他提供像样的物质条件和可炫耀的身家地位,反倒让这位看惯白眼的穷孩子从心底激起一种非干成不可、非干到极致不可的倔强劲儿!每天工作十八小时、一连几天连轴转已属家常便饭。《小时代》在京宣传时,郭一天安排五个活动,地点遍及京城东西南北,中午只扒拉小半碗米饭,到晚上近12点活动结束吃一顿火锅,半夜两点方能躺下。次日一早,各种活动,又已排满……他那种不要命的狠劲儿与不停歇的韧劲儿,令身边不少人惊叹不已!

其三,决断。或许来自天生的一种敏锐和决绝,人生每一转折关头,郭敬明总能选择一条于己更适合也更快捷的路径。大学时的文学创作,成名后的毅然辍学,辍学后的主编杂志和开办公司,长期坚持一边做事业一边每年出版一本著作,都是选择。如今,打入影视圈拍摄《小时代》,又是一次选择……选择需要悟性和决断,选择对了,事半功倍。选择错了,满盘皆输。郭称自己成功靠的是聪明、坚定和运气。如无决断,何来运气?

具备以上素质,再遇上时下中国文学和商业环境的宽松,郭像一粒怪异的种子,一冒出头即伸叶展叶,吸汁吮液,拼命疯长!不必讳言,郭自称生活在"小时代"而并不理会轰轰烈烈的"大时代"。其作品确实有其张扬、现实、短视、不讲责任义务的一面。郭毫不掩饰自己对各种名牌和奢华生活的狂热追捧,时时渗透出浓烈的物质主义……如此公开宣扬并倡导物欲崇拜,对青少年思想的引领和侵蚀,委实有些令人担忧!但冷静一想,所有这些,不也正是当今中国青少年现状的真实写照吗?是因为有此现实而出现如此作品,还是有此作品而出现了如此现实呢?结论应该不言自明。郭敬明现象在当今中国的出现,绝非偶然,它让我们震惊叹息之余,不由陷入沉思。

文化气质与文化血型

易中天

一、混血与转型

士人、学人、诗人、文人,是文化人的四种主要类型。所谓"文化人的分野",便在这里。但必须再说一遍,这不是"职业类型",无关乎"职业身份"。学者,也可能是文人;作家,也可能是士人。参加某组织或某机构,属于某团体或某圈子,也不足为凭。要知道,就连明代锦衣卫里,也有正人君子,何况"写作组"之类?此其一。

第二,这事也无关乎私德。过去,因为公认"文人无行",文人泡妞,大家听说都一笑了之,甚至乐观其成。但如果视"风流罪过"为文人专利,或以为风流者必是文人,则大错特错。陈独秀就很风流,并不妨碍他是士人。樊哙就说,大行不顾细谨,大礼不辞小让(《史记·项羽本纪》)。此人虽是"屠狗辈",但这话说得很到位。

第三,所谓"文化类型",是某种精神类型、气质类型或人格类型。马马虎虎打个比方,类似于人的血型。只不过,文化血型,不全由天赋。而且,既可"转型",也可"混血"。比如严嵩,原本也是士人,且"颇著清誉"(《明史·严嵩传》)。后来,替皇帝充当枪手,撰写青词(拍皇天上帝马屁的文字），便变成"文人"。最后，又变成"奸人"。这是"转型"。又比如，苏东坡，是士人兼诗人；司马光，是士人兼学人；王阳明，是士人兼哲人。这是"混血"。可见，文化血型与生理血型，并不完全相同。

但"转型"也好，"混血"也罢，类型即血型。因此，文化类型，也会表现为一个人的气质和味道，即"气味"。气味是可以感觉的。敏感的人，刚一接触，立马便知，甚至会有生理反应（想拥抱或想呕吐）。是否投缘，往往就在这感觉之中。

比如鲁迅，是士人；胡适，是学人；萧军，是士人兼诗人；郭沫若，是诗人、学人兼文人。所以鲁迅最喜欢萧军，跟胡适和郭沫若，就不大搞得来。萧军身上，是有侠气的，一怒之下，不但会拍案而起，还可能动手；再加上诗人的真性情，故为鲁迅所喜，觉得声气可以相通。对胡适的温文尔雅，则未必欣赏，也与胡适不和。

然而先生去世后，胡适却为《鲁迅全集》的出版奔走张罗，十分仗义。因为胡适虽为学人，却有士人风骨。该出手时，定会出手。郭沫若后来也赞美鲁迅，但我总怀疑那是"奉旨填词"。好在郭老同时还是诗人和学人。其成就和境界，仍为一般文人不敢望其项背。

总之，人是复杂的。个体，也会有差异性。而且，人既"多面"，也"多变"，未必终其一生都是一种类型。类型之间，也并非水火不容，也可能水乳交融。何况还有伪装，还有误读。正所谓"周公恐惧流言日，王莽谦恭未篡时"。谁要把人看死了，也是犯傻。

二、骨气与酸味

那么，我们怎样判别类型？一是"望气"，二是"尝味"。

士人的气质，总体上是阳刚的。因为士人的特点，是有担当，有气节，

润

有风骨。故士人之气，为"骨气"。骨气的来源，主要是正义感，再加上责任感和使命感。所谓"天将降大任于斯人也"（《孟子·告子下》），所谓"使先知觉后知，先觉觉后觉"（《孟子·万章上》），所谓"舍我其谁"（《孟子·公孙丑下》），便都有一股牛气冲天的精气神。显然，士人之气，即孟子所谓"浩然之气"。它的特点，是"至大至刚"（《孟子·公孙丑上》）。有此大气之人，甚至会产生强大的气场，让人折服，给人鼓舞，当然阳刚。

但这与性别无关。一位女学者，或一位女作家，也可能有此"阳刚之气"，却同时仍是贤妻良母。贤妻良母，是她们的家庭角色；至大至刚，则是她们的文化性格。所以，她们也往往被尊称为"先生"。比如资中筠，是"资先生"；龙应台，是"龙先生"。当然，这里的"先生"，有"老师"的意思。但称为"先生"，还是比一般地叫"老师"，更为敬重。

何况担当这事，也未必只属于"爷们"。实际上，女人往往比男人更有决断，更有肩膀。佘太君挂帅，穆桂英出征。国之兴亡，都担在女人肩上，还有什么话说？

文人的气质，则总体上是阴柔的。因为文人的前身，高级一点的，是皇帝的词臣；低级一点的，则不过弄臣。所谓"文学侍从之臣"，也就多少都有点"臣妾心理"。故文人多柔媚。或者说，帮闲，则柔；帮腔，则媚；帮凶，则阴。文人为强权帮凶，从来就不会明火执仗，一般都是上眼药，传闲话，蜚短流长，添油加醋，多为后宫嫔妃争宠那一套。

因此，文人之气，是酸气。酸，是文人特有的味道，别人没有的。为什么酸？献媚邀宠，争风吃醋，患得患失。文人最想的，是名扬天下；最怕的，是失宠落单。如果垂涎三尺，那葡萄又吃不上，或别人吃得更多，必定酸溜溜。

故，凡文人，无不酸。甚至，看一个人是不是文人，或有没有文人气，就看他酸不酸。闻香识女人，闻酸识文人，这是屡试不爽的，可谓"品鉴识别指南"。至于傲气，那是醋长了毛。这就正如失宠的女人，可能变成"怨妇"，也可能变成"泼妇"，没什么好奇怪的。

这同样与性别无关。但一个男人，如果文人气特别重，便难免"女里女气"，甚至翘起"兰花指"，拿起"娘娘腔"。这里也没有"性别歧视"。女人不比男人差，阴柔之美也是美。问题是，我们非常喜欢"女人味"，却完全无法接受"娘娘腔"，这又是为什么呢？

三、"娘娘腔"之谜

这就要弄清什么是"娘娘腔"。表面上看，娘娘腔，就是男人说话像女人。女人说话像女人，是"女人味"；男人说话像男人，是"男人味"。不男不女，当然"不是味"。

问题是，女人说话像男人，叫什么"腔"？好像没有说法，可见不成问题。显然，这事无关乎真假。否则，"假小子"怎么不讨人嫌，反倒招人爱？同样，这事也无关乎性别。否则，"慈父如母"又怎么说？

看来，问题不在男人女人，而在士人文人。讨厌"娘娘腔"，其实是讨厌"文人气"。正如喜欢"男人味"，其实是喜欢"士人骨"。

这并不难证明。首先，娘娘腔，肯定是文人的。你见过工人、农民、解放军，有"娘娘腔"吗？一身傲骨的士人，也没有。其次，娘娘腔什么味儿？酸的。文人气什么味儿？也是酸的。这就肯定不是"女人味"。女人味不是酸，是甜。正如男人味也不是酸，是咸。女人是糖，男人是盐，故一甜一咸。

因此，娘娘腔不是"假女人"或"伪男人"，也不是"学生腔"或"文艺腔"。文艺腔，就是"文青"的腔调。文艺青年，初入江湖，涉世未深，傻乎乎地带着理想，带着憧憬，还带着几分羞涩，有如青苹果。所以，他们的味道是涩，顶多略酸。

男人咸，女人甜，这都是"正味"。咸菜里面放点糖，甜品里面加点盐，只要恰如其分，更有味道。所以，男人有点像女人，女人有点像男人，未必是坏事，甚至是好事。比方说，一个男人像女人一样，疼爱自己的孩子和爱人，温柔体贴，关怀备至，谁不喜欢？

事实上，男人有某些女性气质或特征，正如"南人北相（北人南相）者贵"，是刚柔相济，阴阳和谐，中庸之道。其结果，是士人则谦和，是学人则儒雅，是诗人则唯美，是老人则慈祥。反过来也一样。具有某些男性气质或特征的女人，或者大气，或者帅气，或者英气，或者豪气，甚至兼而有之。要知道，所谓"女儿身，男儿心"，原本就是女人中的极品。只不过，不能弄成顾大嫂或孙二娘，母老虎或女政委。呵呵，那可完全是另一回事。

娘娘腔则不同。它根本就不是"男人像女人"，而是男人的"命根子"被割掉了。这才说起话来，像宦官、太监、公公。只不过，对文人来说，是精神被阉割，灵魂不能雄起。这是气节问题，不是器官问题。同样，这事也无关乎性取向。一个男人自愿做变性手术，是他的权利和自由，我们无权议论，也与本案无关。

四、风度与腔调

心灵被阉割，就不会有精气神，也不会有风度。剩下的，便只有腔调。

腔调与风度有何不同？风度来自本色，腔调来自拿捏，叫"拿腔捏调，装腔作势"。无疑，装腔作势的"势"，不是"气势"，而是"姿势"，亦即"姿态"。姿势和姿态，重点在"姿"，故文人最重"姿色"。比如，夸张华丽，铺陈排比，口若悬河，言过其实。故，文人不但"只有姿态，没有立场"，而且"只有腔调，没有风度"。

有风度和气势的，首推士人。因为士人有风骨、有气节、有担当，再加有肝胆，故能气吞山河，势如破竹。其风度，则是孟子所云"充实之谓美"（《孟子·尽心下》）。当然，美之上，还有大（充实而有光辉）、圣（大而化之）、神（圣而不可知之）三个品级，但都很难。能够"充实"，就很好。能"充实而有光辉"，就叹为观止了。

诗人和学人也有风度。不过，我们一般管诗人的叫"风采"，学人的叫"风范"。因为诗人多半"神采飞扬"，故曰"风采"；学人则要"为人师表"，故曰"风范"。

风采也好，风范也罢，都是本色。诗人的本色是真性情。性情因人而异，或男或女，或南或北，或刚或柔。但只要真，则阳刚与阴柔均为美，豪放与婉约都是诗。诗言志，因此诗人是"性情中人"。他们有情怀，也率性，有如"赤子"。故，诗人多有"孩子气"。

学人的本色是真学问。他们是"学术中人"，也是"问题中人"。学术和问题，合为"学问"。做学问，要有知识，更要有理性。所以学人的气质特征，是厚重、沉稳、平实。而且，只有"博览群书"，才能"厚积薄发"。故，学人多有"书卷气"。

书卷气是修养所致，孩子气是天赋所成，这是学人与诗人的区别。共同之处，则是真实。总之，士人有风骨，诗人有情怀，学人有理性，哲人有智慧。因此，他们都有风度。他们的风度，也都自然呈现。正所谓：唯大丈夫能本色，是真名士自风流。

文人就只有腔调。腔调不是"范儿"，是"派儿"。范儿是自然的，派儿

润

是做作的,所以也叫"做派"。文人的腔调,就是做派。使用的原材料,则是"馊了的饭菜"。所以,它的味儿是酸的。这就难以下咽,甚至令人作呕。要知道,即便正宗的山西老醋或镇江陈醋,也不能端起来就这么喝,何况是隔夜饭的酸?

这样说,肯定有人不爽。的确,我们是一个有着"文人传统"的国度。文人习气,大家或多或少都会沾染一点。这就既要解剖别人,更要解剖自己。否则,任何一个文化人,包括我自己,是都有可能成为文人的。

我的军艺老同学莫言

黄献国

1984年夏末,解放军艺术学院文学系招收第一届学员,记得那是8月28日,我提前一天,来北京报到了,遇到的第一个同学,就是那个脑壳硕大、两眼眯缝的莫言。他先于我到校报到,自然吃饭的时候,我就找到他,问他到哪里去吃饭、如何买饭票等。记得他用一根调羹,轻轻敲打着自己的小饭盆儿说,你就跟我走吧。

开学不久,系主任徐怀中就向我们全体学员推荐莫言的小说《民间音乐》。会后,已经小有名气的同学,不住地问:莫言是谁?有人说,就是睁不开眼睛的那一位。莫言的《民间音乐》,是个短篇小说,发在河北一家不大知名的文学刊物上,徐怀中就是凭着他的慧眼,一眼看好了莫言的创作潜力。全军只招35个学员,能考进军艺文学系的,可谓凤毛麟角。

入学后的日子,莫言默默无闻,正如他的名字,上课坐在课堂南边靠窗的一角;每天晚上,大家睡了,他喜欢搬着一个铁腿儿小课桌,独自跑进水房,凭借一支六十瓦的灯泡照明,写出了他入学以后的第一个中篇小说《透明的红萝卜》。作品一发表,就惊动了文坛,一些大批评家惊呼:军艺出了一个怪才,头发丝掉到地上,他能听到声音?(小说里的一个情节)怪哉!此人竟是徐怀中的弟子。

润

记得，在作协召开的作品讨论会上，有大评论家，批评了莫言的作品，莫言只是倾听，决不反驳，徐怀中对此极为欣喜，他说，作家重要的是找到自己，不去重复别人，也要学会倾听别人的批评。

莫言回来，还是一副永远没有睡醒的样子。我记得最深刻的，就是他跑到学院附近科普出版社，买回两本科普读物，类似于气象、昆虫之类的书籍，躺在床上，痴迷地看来看去。不久，就写出了《球状闪电》、《白狗秋千架》、《红高粱》、《金发婴儿》等一系列中篇小说，后来，被统称《红高粱家族》。莫言迅速走红中国文坛，成为八十年代最红的青年作家。随后，就有大批文学青年模仿莫言，很有点像今天的"粉丝"们，模仿走红的流行歌手。即使是莫言大红大紫的那些日子，莫言依旧是莫言，决不轻狂也决不自大。无论怎样的赞誉，莫言都不为所动，还是以他那一副睡不醒的小眼睛，死盯住这个莫名的世界。

我们从军艺文学系毕业，我留在系里任教，自然同学们走了，宿舍里留下我一个人，又正好有莫言做伴——他为了利用等待分配工作的时间，住在学院讨个安静，继续爬格子。我就有幸做了一回"莫言老师"。那是一个中午时分，我的房门被轻轻敲响，我开了门，是一个彬彬有礼的"小平头"，他一进门很恭敬地，便说：莫言老师，你好！我是张艺谋。我忽然想起这些日子，外界相传张艺谋要拍莫言的《红高粱》。我便立马引领张艺谋去见了隔壁的莫言——此后，电影《红高粱》走出国门，获了国际大奖，也引来许多"热议"与批评。记得我曾经对他说，莫言，你是属于下个世纪的中国作家。

新的世纪，过去十二年。莫言获得诺贝尔文学奖。这句话，算是叫我说着了。

朱自清不是饿死的

智效民

今年8月12日,是著名散文家、清华大学教授朱自清先生逝世65周年纪念日。多少年来,因为受中学课文的影响,我一直以为朱自清是一个"宁可饿死"也不领美国救济粮的"民族英雄"。直到读了他的书信和日记以后,这种印象才有所改变。

大约是上世纪90年代,江苏教育出版社出版了《朱自清全集》,其中有一本书信两本日记。在那本书信中,保留最多的是朱自清与陈竹隐的通信。陈是朱先生的第二任妻子,两人是经过溥侗和叶公超介绍认识的。陈小姐生于成都,16岁父母双亡,后考入北平艺术学院,向齐白石学画,向溥侗学昆曲。溥虽然是皇族后裔,却有"民国四公子"之誉。他看到朱自清丧偶,陈竹隐孤身一人,便找清华大学教授叶公超想要成全此事。

当时朱先生已经是5个孩子的父亲,陈小姐则是才貌双全、待字闺中的知识女性。尽管如此,当陈小姐看到对方是一位朴实正派的学者时,便产生爱慕之心。

在《朱自清全集》书信卷中,收有二人的书信75通。从称谓和落款上看,他们从"先生/女士"开始,经过"自清兄/竹隐弟"、"佩哥/隐妹"、"清/隐",最后发展到"亲爱的宝宝/你的清"。这与鲁迅和许广平的《两地书》

润

有点类似。不过他们的恋爱没有任何障碍,而鲁迅和许广平之间还有一位朱安夫人。

从内容上看,他们的风趣幽默、纯洁浪漫令人羡慕。比如在1930年年底的一次约会之后,朱在信中对陈说:

"昨晚在亚北的谈话,似乎有些意思。至少我这个笨人这样想。我佩服你那若即若离的态度,你真是聪明人!——原谅我,我用聪明两个字太频了,但我惭愧,实在找不出别的字来说明我的意思。

自然,更有意思的是我们的散步——其实应该老老实实说是走路!可惜天太冷了,又太局促,……希望下星期有一个甜的——当然还是散步!"

收到这封信以后,陈在回信中调皮地说:

"十一日信悉。

我的态度是'若即若离'吗?我自己倒不觉得。我只发现自己太憨直了,太欠含蓄。

从来信中,我发现了新的原则:以'聪明'代'笨人',以'笨人'代'聪明';这样一来,似乎字典都非重行改编不可。而在新的字典未出版以前,这笔账仍然算不清楚,只有'由他去吧'!

原来散步还有'甜'与'不甜'之分?这也是第一次知道。很盼望能实际领教,一笑。"

读这些名人书信,有一种恍如隔世的感觉。刚才我看到一篇《微信猛于虎》的文章,说中国的微信用户已经突破4亿,因此当人与人的交往都依靠微信的时候,大家就很难体会到书信中的幽默和甜蜜了。

看完书信,就该看看日记了。浏览朱自清日记,我发现他很早就患有胃病。一开始好像并不严重,不过他爱喝酒,这对胃病的康复非常不利。比如在1924年11月16日的日记中,朱自清写道:"十时徐,在家中饮酒,有丏尊、绥青、叔琴、敏行、天麋等人,菜难为继。……晚吃酒,开席而坐。"上午与朋友们喝到"菜难为继",晚上还要"开席",这对他的身体当然是有害无益。

年轻时嗜酒,或许尚无大碍,但随着年龄增长,就肯定会有问题。比如1937年3月2日,朱自清在日记中有如下记载:"近来胃口很坏,且一周来睡眠不好,略感忧虑。"

抗日战争爆发后,他的病情有所加重。比如1938年12月7日,他在日记中说:"一多邀至新雅晚餐,胃病发作很厉害。"所谓一多,显然是闻一多了,而所谓新雅,可能是一所餐厅。到了抗战后期,朱自清又得了支气管炎,并出现肠道出血、体重下降、经常呕吐、夜不能寐等症状。

抗战胜利后,他的病情日趋恶化。1948年1月2日,他在日记中写道:"胃不适,似痛非痛,持续约十二小时,最后痉挛,整夜呕水。"几天后,连藕粉、牛奶也不能进。这显然是不祥之兆。

大约半年以后,已经病入膏肓的朱自清在一份不吃美国救济粮的声明上签了字。当时第一个签字的是张奚若。据清华校史研究室孙敦恒说:"1948年6月间,当一份拒领美国救济粮的声明送到他手上时,……他毫不迟疑地第一个签上了自己的名字,接着签名的有吴晗、朱自清等110人。"

从日记中看,朱自清签名以后有些动摇,所以他在6月18日的日记中有如下记录:"我在《拒绝'美援'和'美援面粉'的宣言》上签了名,这意味着每月使家中损失六百万法币,对全家生活影响颇大;但下午认真思索的结果,坚信我们既然反对美国扶植日本的政策,就应采取直接的行动,就不应逃避个人的责任。"

1948年8月10日,朱自清因病在北平去世。可见所谓"饿死"云云,与事实不符。

朱自清是著名的文学家和教育家。我们怀念这样一位历史人物,首先应该去掉过去强加在他身上的不实之词,还他一个本来的面目。只有这样,才是最好的纪念。

"剩"者为王

冯 仑

你去注册一个公司，一开始就想到让老婆、情人拿到钱，换成现金，准备几张护照随时准备逃跑，这就是边缘心态。恶性循环就会导致做任何事情不敢理直气壮，然后天天埋怨，天天在骂政府对我这个也不好，那个也不好，我不赚钱就是外部环境不好，这就是边缘心态。与此相对的主流心态简言之就是"能负责，敢担当"。敢于对股东做出承诺，为股东创造价值；敢于对客户做出承诺，提供很好产品和服务；敢于对社会做出承诺，要依法经营；敢于对员工做出承诺，要给员工足够的发展空间。一个公司有这样的承诺，就有了主流的心态。

当你还是一个幼芽的时候，地上有很多的灰尘压着你；当你成为一个幼苗的时候，有很多碎石可以压着你；当你成为一个小树的时候大树可能压着你；当你成为一个大树的时候又"风必摧之"。一个民营企业的发展也是这样，你改变的只是敌人，而不是消灭你的对手。以往，民营企业一直都有这样的心态，东西卖不出去有政府帮你卖，但是现在这样的心态已经行不通了。所以要变成主流心态，就是能负责，敢担当。敢于面对对手进行正常的商业竞争，这样可以进入主流。

这个世界是有趣的

机会不能当饭吃

改革20年来，企业实际上在经营当中经历了社会的转型，一个是市场转型，一个是体制转型。这两种行为在起作用，那么市场和体制都在变，它有两个规律。第一种规律就是制度转型期间，制度转型的规律。第二规律是一般竞争的规律。

按照第一种规律支配下的企业家大部分是机会导向、关系导向的。其行为方式是靠政府，一有事就想政府，所以有相当多的企业，每天见的都是政府的人。这些机会导向的企业，有一个机会，赌了一次赚到了钱，但是自己却陷入了虚幻，靠项目赌博赚钱。偶然的成功并不代表必胜的逻辑。机会导向的企业，最终是失败的。民营企业家最好直接变成一个企业家，企业家只会去想商业竞争的问题，不会去想体制的问题。

行贿是亏本的买卖

谈到民营企业好多人马上就想到了行贿。其实，行贿这件事是亏本的买卖，比如说你搞定一个人要花50万，结果占了500万的便宜。你认为自己占了450万便宜，但你是亏的。你搞定这个人发现很多事情都变了，他的家庭行为发生的变化，他的妻子本来是不戴首饰的，现在戴首饰了，他的女儿原来是不在外面玩的，现在天天在外面玩。变化了以后怎么办，周围嫉妒他的人多了。他站起来的时候，他的敌人也在站起来。当他还在台上的时候，台下消灭他的伎俩就开始了。等他要调动工作时，告状的人就多了。群众的眼睛是雪亮的。告状后如果你要帮助他摆平，最后你也被抓进去了，这是真实的事情。

不争即争

当你作为企业领导，你有权利支配财富时，你会面临道德的挑战。道德这个东西，它有阶级性和局限性。它不是是非问题，而是一种文化的心理结构，是舆论的约束也是社会容忍底线，当金钱和道德冲突的时候，建议大家站在道德这一边。道德是社会容忍的底线，你按道德去做你就有安全感。

道德实际上讲的是争还是让的问题。比如说，我们做生意都知道我们能挣10块钱，我要挣就要谈3个月，最后的结果对方认为我很烦，说不让你做了。如果只挣1块钱，这个公司肯定要垮台。所以"让"在哪里最适合，如果让2块钱，我只挣8块钱，我们可能谈一个月。让3块钱，在支付方式上，我们稍微做一些灵活的处理，最后半个月就谈好了。过后可能人家还来找你，再接着挣钱，这就是学会了"让"。我们站在道德这里，就是让，让现在，争未来。争未来，你才有持久的发展，否则你就不值钱。你站在道德的阵营中，你有未来，你就值钱了。反过来你每一分钱都去争，你就在社会上，失去了道德和同情，你就失去的未来。

很多西方的企业在做公共关系和社会当中，最考虑的是未来，特别是安利，他们给社会一个温情的形象，这样做对传销和直销太有用。所以坚守道德对你的商业的利益长期来说，一定是有效的。你做房地产，客户投诉了，闹事了，要维权，你要拿钱解决，还给公司发展带来负面影响。北京就发生了一个事，一个保安把业主打昏。最后大家都不敢买他的房子了。

跟合作伙伴和客户，要做到"不争"，其实是"争"的更大了，这叫不争即争。所以在财富和道德当中，一定要取道德舍财富。这是商业价值与意义所在，也是长期的未来的意义所在。现在很多的民营企业家，都忽视这一矛盾，总是在争字上下太多的功夫。

这个世界是有趣的

提倡各人自扫门前雪

对股东的承诺,要给股东创造价值;对客户的承诺,要提供很好产品和服务,创造产品的价值;对社会的承诺要有税收;对员工的承诺是解决他们的各种保障,同时要提供发展的空间。

这四个方面要做,这就是你的东西,超出这四个方面,就是别人的工作,各人自扫门前雪。现在有些企业是政商勾结。大量的这种企业猝死,跟官商勾结有关。反过来,政府过多的介入企业的事务,当然就会有问题。从俄罗斯到印尼到泰国,也到我们中国,包括台湾省,都是这种现象存在。亚洲企业好像比较容易官商勾结,权利、金钱、政治搅和在一起。欧美不是没有,但在亚洲更多。这些问题是在社会的转型当中出来的问题,这些问题看似是非经济的问题,对民营企业来说,决定企业的生死,这一点希望引起大家特别的注意。

多站在弱势群体一方

在社会矛盾极其复杂的时候,民营企业一定要站在弱势群体一方,要考虑整体的关怀和公民的责任。最近一段时间胡润又搞了慈善榜,所以现在慈善活动特别多,我觉得企业如果交了税做慈善活动是值得好好宣传的,但是很多人现在不交税,然后跑去捐款,怎么来追求社会公平,保护弱势群体?!建议大家注意这样一个问题,否则你在社会当中,你会非常的被动。

有坚韧不拔之志才有坚韧不拔之力

企业要由项目赌博转到为股东创造价值,给股东创造价值是企业的战略导向,这是公司所有经营行为的核心。万科多少年是连续10年增长60%以上,而他的董事长有一半时候不在公司。去年我写过一篇章叫《学习万科好榜样》，他就是单一做房地产住宅，不需要太多的决策，专心做一个项目，就可以做得非常好。你的项目做太多，你就需要很多时间来决策，就不能专一，一定要给股东创造价值，为公司创造价值。

全世界最有毅力最有战略的男人是应该是阿拉法特。他的战略是什么？是建立巴勒斯坦国。这就是战略对一个人价值的肯定。我常常说，时间决定一件事情的性质。比如我们在此谈一个小时，这叫讲课；谈五个小时，这叫聊天；谈五十个小时，事情发生本质变化，我们该成一家人了；谈五万个小时，我们就成文物，拉根绳子卖票让别人来看就可以挣钱了。所以一个东西你坚持下去了，性质就改变了。有了战略的人就坚定不乱想。古人讲：人必有坚韧不拔之志才有坚韧不拔之力，所以战略导向很重要。

"剩"者为王

企业需要的不是一个传奇式的增长，企业需要的是健康持续安全的增长。因为传奇常常违背常理，不会持续。正如企业突然长大，一定蕴藏着危机。所以要保证企业最大限度的安全，步步高的企业风格就是如此。就像你开车，你的车有120迈，你就开100迈，这样你活的概率更大。你要留有余地，而有健康安全的增长，你的增长就变成可能。现在是"剩者为王"，"剩"是剩下的"剩"，你剩下了，你就成功了。

中国人的良心问题：不做"吃米饭的机器人"

徐 贲

我们生活在一个良心匮缺的时代，我们胆怯、懦弱，看着别人受难，却自己躲在一边；看着强权施虐、却默不作声。虽然我们羡慕有良心的人，为自己没有良心勇气而羞愧，但在现实的考验面前还是会选择不理睬良心地存活下去。良心本身不是道德原则，良心是在处理具体情况时，在特殊场合和问题面前根据某种道德原则所做的选择和行动。这种道德原则往往来自一个人的信仰，尤其是道德信仰。

良心虽然能帮助人辨别对错和是非，但良心本身并没有什么好坏或善恶的实质内容。决定良心实质内容的是运用什么道德原则（这关乎承认哪种道德权威）和如何运用道德原则（这关乎运用者是否具有"审慎"这种实践性美德）。对于良心的这两个方面，理性的作用都特别重要，但宗教信仰却能给予特别的便利。在宗教信仰中，基本的道德原则及其权威来源都是清楚的，而宗教传统文献和共同经验则有许多良心行为引人向善的先例。这就像法治传统良好的社会不仅有受尊重、有威望的法律，而且还有许多可供咨询和参考的判决先例一样。

说到良心的道德原则的时候，人们往往会想到神和神对人的道德诫命，因此，虽然美国宪法中没有关于保护个人良心的条文，但还是有法学家和伦理学家将宪法修正案第一条中的保护宗教信仰自由解释为实际包含了保护个人的良心自由。那么，在神的诫命和人的良心之间到底是什么关系呢？不妨用一个广为人知的故事做例子，那就是在索福克勒斯的《安提戈涅》。在剧中，安提戈涅想方设法要安葬她的哥哥波吕尼克斯，但国王不允许，因为波吕尼克斯是在叛国的战斗中死去的。安提戈涅对国王说，有一种比国家法律更高的法，她要服从的是更高法律，只有更高法才具有神圣权威，更高法不仅要求人不做恶事，而且还要求人做善事。安提戈涅坚持说，神要求她善待自己兄弟的遗体，将其安葬，违反国法做这件事是她正当的良心行为。

那么安提戈涅所说的神法是什么呢？希腊的神从来没有向凡人宣谕过神法，希腊神话中的大英雄珀耳修斯从来没有像旧约中的摩西那样登上西奈山，在熊熊烈火中谛听上帝的诫命，接受上帝与以色列人的约定。大神宙斯也从来没有用文字公布过像《圣经》中的那种"十诫"。因此，尽管安提戈涅说到具有神圣权威的更高法，但那不可能是像基督徒从《圣经》里读到的戒律。当然，她说的也不是什么部落里的规定。她心目中的神法是每个正常的人都能用良心感知的原则，也就是后来自然法哲学家们常说的那种"刻印在人心上的律法"。

与异教的希腊人不同，犹太教徒和基督教徒有文字的启示，摩西在西奈山上宣谕上帝的诫命，《圣经》里有十诫，都是用文字记载的。人们因此常常以为，犹太人和基督教徒有不同于自然法的道德传统，他们有了神法，因此根本不需要自然法。但是，事实并非如此。天主教哲学教授布德西斯泽乌斯基在《良心的报复》一书中指出，犹太教和基督教并不排斥自然法，而且，"在犹太教徒和基督教徒那里，写在人心上的律法要比在异教信徒那里更牢固、更坚实得多。"他还指出，"'写在人心上的律法'这个说法本身就出自《圣经》，是从新约'罗马书'里来的。"犹太教称自然法为"诺亚法"，因为传说，在上帝与亚伯拉罕的后代订定盟约之前，上帝就已经为诺亚的后代（也就是全人类）设立了一些普遍的行为准则。

基督教因此有对"一般启示"和"特别启示"的区分。一般启示是对所有的人类而言的，只要是人，就不可能不受到一般的道德启示，即伦理学所说的"不可能不知道"。特别启示则是对教徒信众而言的，由见证过神迹的人传播于世，是写在《圣经》里的。一般启示让人知道举头三尺有神明，知道凡是人都可能有罪过。特殊启示让人知道罪过的性质和靠什么力量从中得到救赎。一般启示与特殊启示的关系可以理解为是自然法与神法关系的另一种表述。

中世纪伟大的神学家阿奎那对自然法有精辟的解释，他说，"就正确性和知识而言"，人类道德法的核心原则都是相同的。也就是说，对所有的人类来说，这些伦理原则不仅是正确的，而且也都为他们所知晓（"是人就不可能不知道"），而基督教则坚信上帝是伦理的最后根源。阿奎那认为良心不是人的行为的最后规范，良心必须对应神法或自然法来断定，但是，人在行使伦理判断时，服从的是自己的良心，因此人需对自己的行为负责，不能把责任推给他所运用的道德原则。阿奎那身为基督徒，却有着开阔的道德眼光，他指出的正是我们今天所说的人类普世价值与特殊宗教价值之间的联系，以及它们如何帮助人能有所良心行为。

《圣经》十诫中的前四诫（不可有别的神、不可拜偶像、不可妄称耶和华的神名、守安息日为圣日）对基督徒有特别的意义。但是，其他六诫，"不可对父母不孝"，"不可杀人"，"不可奸淫他人之妻，女人不可与她妇之夫通奸"，"不可偷盗"，"不可作假见证陷害人"，"不可贪夺邻人的房屋、奴仆、牛等一切财物"，都是非基督徒也能接受的一般道德原则。即使是那些用"打土豪、分田地"来号召革命的人，也不会主张随意"贪夺邻人的房屋、奴仆、牛等一切财物"，而是必须先在道义上肯定他们抢夺别人财产行为的正当性和正义性，即他们抢夺的财产本来就是"不义之财"。

具有一般启示意义的道德原则，它们所关之事，如阿奎那所说，都是"每一个人天生的理性能自动并立即判断的,什么可以做,什么不可以做"。当然,在任何一个社会里,并非所有的道德原则都是人类核心道德原则的一部分,但是,所有称得上是真正道德原则的都在不同程度上可以回溯到核心原则。有的是可以推导出来的,如杀人是错的,所以以任何政治理由草菅人命都是错的。有的则要求审慎对待道德罪过,例如,有罪过就应受惩罚,但合理的惩罚必须考虑到发生罪过的具体情况,有钱有势的官员盗窃国家财富与一个贫穷的母亲为饥饿的子女偷窃一块面包并不是同等性质的罪过。

  在今天的世界里,更高法已经不需要是神法,也不需要是自然法或传统法,而是具有普世意义的人权。有人把人权说成是现代西方人发明的,用于推行西方"文化侵略"的道德观念。这是一种不符合历史事实的谬说。政治学家尼克尔在《理解人权》一书中指出,尽管当代的人权观是二次大战后才形成的,但人权观念运用的是人类从古代就早已熟悉的自由和正义观念。人权成为当今国际间最通用的权利和价值概念,"只不过是将一个古老理念普及化了而已"。

  今天,人们讲述良心行为的故事,说的已经不再是索福克勒斯的安提戈涅,而是缅甸的昂山素季,同样是一位女性,同样挑战她们国家里的"王法",同样在真实的危险考验下表现了非凡的道德勇气和所有一般人无法做出的良心行为。然而,她们的良心行为却诉诸于不同权威的道德原则:一个是神,另一个是人类自己共同订立的人权原则。八百多年前,伟大的神学家阿奎那看到神法与自然法的联系,今天,昂山素季同样看到了神法与人权法之间的关联。那些怀有反民主目的的人们,他们既藐视神法,又践踏人权法,他们的诡计正是千方百计地割裂这两种更高法之间的内在关系。在《恐惧、自由、人权与缅甸》中,昂山素季说,"一旦人权问题成为民主运动的组成部分,官方舆论就开始嘲弄并谴责有关人权的整个概念,将其贬为不容于传统价值的西洋货。而具有讽刺意味的是:作为缅甸传统文化基石的佛教，恰恰将最大的价值寄托在人身上。在芸芸众生中，唯有人能够达到佛的至高无上境界。每个人都蕴藏着潜力，不但能通过自己的意志与努力去认识真理，而且也能帮助他人认识真理。因此，人的生命是无限宝贵的。"

良心不是只属于少数人的稀罕之物；而是能帮助每一个人成为"真正的人"的必须之物，正如昂山素季所说，没有良心的人只不过是"吃米饭的机器人"。她告诉我们，"人民越来越渴望，要有一个制度能将他们由'吃米饭的机器人'的地位提高为真正的人——在人权的保障下，能够自由思考，畅所欲言，昂首挺胸。"自由思考，畅所欲言，昂首挺胸，那不正是我们所向往，所敬佩的良心行为吗？

中国最艰难的事业是改革和创新

公方彬

一个不善思考的民族，不可能引领世界，因为不思考无以产生思想，无思想则不能光耀世界。或许人们羡慕因自然资源而享有丰裕生活的国家的人们，但也只是羡慕而不会产生源自灵魂深处的敬佩，因为他们不是以智慧和勤奋拓展人类的生存空间和精神空间。从这个意义上讲，有时社会上出现一些大的波澜并非坏事，这可以迫使大众去思考，由思考走向成熟。如果生活平淡如水，也就没人主动思考，为什么有人说战争是民族精神的净化剂与催化剂？道理即在于此。

中国改革创新所以艰难，主要的原因有三点。一是中国人的思维和价值取向后倾。也就是喜欢往后看，这与小农经济或农业文明的特点有关，我们的传统文化造就出极强的怀旧心理，比如被拴在土地上的人们，因不流动而生活空间狭窄，没有与外界的比较，就只能与曾经的过去比较，这就容易形成向后看的心理，用鲁迅笔下的九斤老太太的思维和价值观："年青的时候，天气没有这般热，豆子也没有现在这般硬"，等等。虽然中国经历了改革开放三十多年来的观念更新，但一个民族文化心理的改变原本就是艰难和漫长的。另一个是几千年封建统治的统治术作祟。王朝最怕的是改革和创新，所以强调泥古和"祖制"，进而形成"天不变道亦不变"。在历代封建王朝统治者那里，认定社会稳定的最佳方法就是以不变应万变。三是既得利益阶集团利用掌握的权力拒绝改革创新。不管是中国还是其他国家和社会，存在这样一个共同点：一旦形成利益集团或阶层，他们都不希望因改革而失去既得利益，正是缘于此，既得利益者从来都是改革的最大阻力。

中国当前最大的困扰是缺少指引前进道路的伟大思想家及其先进思想。人类文明史已证明，思想走多远，民族就走多远。产生思想家的多寡，意味着民族伟大与否。要保证产生一批伟大思想家，很重要的是改造文化土壤和社会环境，没有生长的土壤就不会结出硕果，这也是定律。

我们需要思考许许多多的问题

大国崛起于文明，只有立身于人类文明的制高点起引领作用才敢言崛起。规律表明，帝国总要衰败，唯有文化和文明永恒。国家分三个层次：三流国家出口产品，二流国家出口标准和规则，一流国家出口文化和价值。在世界热炒中国崛起之时，我们需要进行大国崛起的启蒙教育，真正认清自己前进的道路。这里特别强调一点，自汉武帝创造"山呼万岁"的神话后，中国人就跪下了，到今天很多人不仅仅肉体下跪，更重要的是精神下跪。我们也曾想让西方人跟着跪，未如愿，来的人都不跪，虽然这很让大臣们上急上火。跪着的民族是无法屹立于世界民族之林，哪怕GDP成了世界老大。

曾经观看央视播出的美国人杰布翼装飞过天门洞的录影，现场一些游客的评价很有深度，之所以中国人不像西方人那样冒险，在于不像他们对死那么看得开，中国人太在意活着，且不在意质量。延伸开去，如果不跳出目前的功利主义和追逐感官刺激，就不会也不想做自己想做的事，不会追求创造，实现自我超越。

站在天津静海大邱庄那面刻有"庄主"禹作敏的《大邱庄变迁》的九龙壁

前，感慨良多，在改革开放如火如荼的年代，南有华西村，北有大邱庄，吴仁宝、禹作敏两个农民致富带头人，因开风气之先而叱咤风云，遗憾的是后者上到一定高度再难超越自我，甚至自我膨胀后走向自我毁灭。禹作敏及其大邱庄的兴衰，至今不失启示意义。

中国政治体制改革最大阻力来自既得利益阶层，寻求改革动力的突破口也在既得利益阶层，这不仅因为其掌握着资源和话语权，同时也因为中国不能出现阿拉伯国家的动乱。依照国民性，一旦动乱，民族灾难程度较别人有过之而无不及。要赢得既得利益者支持改革，出让部分既得利益，必需施加力量。期间既要有压迫力，也需要启迪自省和自觉。

虽然当前社会矛盾很多是剑指官员和富豪，但深入分析会发现，民众关注的并不是财产多寡，而在是否合法，是否滥用公权力。换言之，民众并非仇官仇富，而是仇背后的分配不公和权力腐败。当然，过程中的情绪和做法也需要引导，比如，改革开放后，中国人的权利意识大大增强，这是社会的进步，问题是担当精神没有同时确立，当人们只记着私利而忽视公共利益，各种冲突必定产生出来，这未必不是社会乱象的重要原因。

社会主义制度优越性之一，是集中力量办大事。这一理念下，我国的税收改革突出特点是财富向中央政府集中，或者说以政府的级别及其驻地决定财富的走向与使用。这在发展初期有其必要性，长此以往必与共同富裕、共享成果发生矛盾，进而削弱民众对社会主义制度的认同度，同时很难避免浪费和腐败等问题。

"中国模式"有三大支持：政府强大的资源调节力；老百姓勤劳、忍耐和节俭；执政党理论与时俱进，不断超越自我。这就决定着中国模式不可复制。所以，这种模式可以推动中国走很远，但却无法复制于世界。因为，权力分享是世界趋势，我们尚处于体制改革以分解权力；世界很多国家的民众更愿享受生活，我们仍然尽可能多地存钱（福利制度不发达是重要原因）；我们仍然在强调解放思想，主导世界的国家在创造思想，等等。

现在有一种可怕的默契：台上的人知道自己说的台下不信，台下的人也知道台上的人说的他自己都不信，但仍然要说，并且认为原本就该这样说，如此可怕的默契或集体无意识，很可能消磨掉一个民族的锐气。我们需要自我反思，需要说真话的空间和勇气，这甚至决定着民族的未来。

大多数情况下，思想教育者所倡导的信仰信念和道德承担，自己也未必能够做到，但仍然去讲，去要求别人。原因主要在两个方面：一个是虽然自己也做不到，但人类总要积极，总要确立高尚的追求，以此保证人生有意义。另一个是自己做不到，基于角色和职责承担的社会责任和义务，必须去要求和倡导。

置疑先进人物是社会的进步，但以摧毁高尚使庸俗更具合理性是退步；充分享有物质文明是社会的进步，以物欲排斥精神追求是退步；个体权利意识觉醒是社会的进步，但只讲自己的权利排斥社会担当是退步……虽然存在的即为合理的，但成熟的社会必须弄清并正确处理弘扬的、要求的、允许的、抑制的和取缔的。

清　秋

秋思——房龙的《宽容》

傅佩荣

　　房龙的生平属于当代，他的作品却有超脱时空的意味，如《人类的故事》、《圣经的故事》，都足以启发悠远的思绪，引致永恒的关怀。我在落叶季节的秋天，喜欢展读他的《宽容》，有时随手翻到一页，认真念上一段，往往不能释手，结果沈溺其中，成为一种嗜好了。

　　秋天介于繁华的夏季与阴冷的冬季之间，是四季中由盛而衰的转折点。对于生命，这是试炼与挑战，充满肃杀之气。但是，换个角度来看，如果万物的结局都是"难免于消失灭亡"，那么我们为何不能孕生悲悯之情，在还有机会的时候，以欣赏及宽容的眼光来看待一切生命，我在秋天读房龙的《宽容》，或许正是为了这个原因。

这个世界是有趣的

《宽容》所描写的，是西方世界的相关事迹与思想，但它并非枯燥的历史课本，更不是严谨的哲学论文。它是提炼过的材料，消化过的观念，再以清畅的叙事文笔表达出来。房龙善用比喻，他在〈序〉中说："在宁静的无知山谷里，人们过着幸福的生活。"幸福往往来自无知，但是人们为"无知"所付出的代价是惊人的，譬如：社会的停顿，心智的蒙昧，与世隔绝，不再进步，甚至造成互相迫害，而幸福亦将毫无保障。

"宽容"源于清楚认知人心对真理的渴望，以及允许每一个人对真理的不同体悟。苏格拉底指出："世界上谁也无权命令别人信仰什么，或剥夺别人随心所欲思考的权利。"如果放弃思考，人将无异于动物；如果思考受人摆布，那么人又与机器有何差异？可惜的是，这种观点少有共鸣。苏氏自己就是为了追求真理而受人诬告，并且死于非命。

纪元四世纪前后，当罗马帝国的基督徒由受迫害者的角色，逆转为统治阶层时，群起要求迁走前人所奉的胜利女神像。对于这种"以怨报怨"的要求，希马古斯说："我们仰面看到同样的星辰，并肩走在同一块土地上，住在同一苍天覆盖之下，那么每一个人自己选择寻求最终真理的道路，又有什么关系？生命的奥妙玄机莫测，通向答案的道路也不是只有一条。"

然而，西方历史却是由一连串的"不宽容"所写成的。姑且不谈国与国之间、宗教与宗教之间的世代仇恨，就连同样是信仰基督的新旧教派之间、各派新教之间，也在近代西方掀起重重争端，其中多少是为了真理？多少是为了私利？细究其因，皆为不能宽容。

房龙归纳现代的不宽容，可以分为三种类型。一是出于"懒惰"。安于故习，对一切改变都抱着敌对态度。即使父母看待子女，有时也会摇头叹息，好像真的"世风日下，人心不古"，而事实上呢？父母是否过于懒惰，不愿学习了解子女的想法？

二是出于"无知"。譬如，认为"非我族类，其心必异"，无法明白别人的存在理由。深信自己代表正统或道统，甚至代表上帝，因此无法想象自己可能犯错，对于别人的不同作为又怎能宽容?

三是出于"自私自利"。为了争权夺利而嫉妒、厌恶、伤害别人。这种情形十分普遍。我们听过"人不为己，天诛地灭"的说法，好像这是出于人性之恶，难以避免似的。事实上，所有的教化与修养，都提醒人"互相尊重"，寻求群体的共利与和谐。道理很简单，就是：自私自利根本违背了人类社会的生存法则。

宽容是双向的。我对人宽容，同时也希望人对我宽容，因为没有人永远站在得势、顺利的一方。弥尔顿说："最高形式的自由，是按照自己良心，自由地了解、阐述、辩论。"由此可知，宽容不但是一种生活态度，也是人类文化创造发展的必要条件。

这个世界是有趣的

太平洋的风

韩 寒

空客320降落在桃园机场。飞机的降落把我震醒。手机里正好播放到张艾嘉的《戏雪》，这算是一首生僻的歌，陈升写下这样的词——"1948年，我离开我最爱的人，当火车开动的时候，北方正飘着苍茫的雪，如果我知道，这一别就是四十余年，岁月若能从头，我很想说，我不走。"

对于台湾，我的印象一直停留在侯孝贤和杨德昌的电影里。后来魏德胜和九把刀又加工了一下。我喜欢的作家，梁实秋、林语堂、胡适也都去了台湾，而且他们都和鲁迅吵过架。当大陆穷的时候，台湾有钱，后来大陆有钱了——确切的说，是政府和小部分人有钱了，台湾又穷了。

战火把同一个民族的人分隔在了海峡的两岸，那些具体到每个家庭的悲欢离合已经被时间慢慢抹平。台北的街道的确像优客李林唱的那样，像迷宫一样展开在我的眼前。但是对于异乡人，每个陌生的城市都是迷宫。在酒店住下，诚品书店就在旁边。朋友的眼镜架坏了，于是晚上先陪着朋友去配眼镜。我们坐计程车来到了台大附近，进了一家眼镜店。没有声音酥麻的台妹，老板亲自上阵。朋友看中了一副镜框，但要几天以后才能取。朋友说，那算了，我在台湾只留三天，我要明天就能取的，只能去别的地方看看。这时候，让我诧异

清秋

的一幕出现了，老板居然从柜台里摸索出了一对隐形眼镜，塞在我朋友手里，说，实在不好意思，没能帮上你的忙，这个送你，先用这个应急吧。连我这般总是把人往好里想的人第一反应也是——我靠，哪有这种好事，这里面是有什么猫腻吧？咱还能走出这家店的店门么？

我们平安的走出了这家眼镜店，换去了隔壁一家。那家眼镜店承诺第二天就可以把眼镜做好，然后那家店的老板用朋友残留下的镜片临时找了一个镜框凑合装了起来，告诉朋友，这个可以晚上用。这两家只是非常普通的路边眼镜店，还是自己随机找的，要不真得让人怀疑是不是组织方安排的，目的为了让大家增加对台湾的好感。

台湾的街道上有不少的小游行和抗议横幅，这一切对于大部分大陆游客来说都太新鲜了，于是很多游客守着电视机看晚上的政论节目。我妈妈去年从台湾旅游回来，就说那里太好玩了，领导人可以在电视里随便骂，比快乐大本营还要欢乐。相比之下，台湾人对这些早就习以为常。但给我留下了比马英九先生更深印象的是王松鸿先生——他不是明星政客，也不是文人墨客。他是一个计程车司机。一天早上，我从酒店下楼，打了他的车去阳明山。到了目的地我发现把手机落在出租车上。我没有记下车牌号。朋友们忙着帮我联系出租车公司，看看能不能查到一些讯息，我也打给酒店，想让他们查看一下监控录像，确认车牌号。一会儿，我接到了酒店的电话，我问他们，是查到车号了么？他们说，监控录像里讯息太多，还没有查到，但是刚才有一位出租车司机开回酒店，把一个手机交给了前台，说是一位从你们这里上车的先生遗落在车里的……

说实话，我石化了。我问到了出租车司机的电话和名字，说我想酬谢你。王松鸿说，不需要啦，很正常的，小事一桩，我们都是这样的。他告诉我，前几天刚和几个朋友环岛开了一圈，打算过一段时间来大陆旅行。他说他开计程车就是为了能够去更多的地方看看。末了居然还来一句：我有QQ和新浪微博，你的号是什么，我们可以在网上联系的。这顿时让我觉得两岸关系非常亲密。接着，他继续说，你有脸书么？我说，大陆的互联网没有脸书。他说，哦，对哦，是哦。我不和你说了，有客人了，再联系哦。

也许是我的命好，遇见的都是好人，也许是我走的肤浅，几乎所有人都和气。毫无疑问，如果我在台湾多停留几天，我当然能看见他不如人意的一面，也许他硬件不够新，也许他民粹也涌现，也许他民怨从不断，也许他矛盾也不少。没有完美的地方，没有完美的制度，没有完美的文化，在华人的世界里，它也许不是最好的，但的确没有什么比它更好了。

这篇文章里不想谈论什么政治和体制。作为一个从大陆来的写作者，我只是非常失落。这些失落并不是来自于这几天浅显的旅行，而是一直以来的感受。我失落在我生存的环境里，前几十年教人凶残和斗争，后几十年使人贪婪和自私，于是我们很多人的骨子里被埋下了这些种子；我失落在我们的前辈们摧毁了文化，也摧毁了那些传统的美德，摧毁了人与人之间的信任，摧毁了信仰和共识，却没有建立起一个美丽新世界，作为晚辈，我们谁也不知道能否弥补这一切，还是继续的摧毁下去；我失落在不知道我们的后代能不能生存在一个互相理解而不是互相伤害的环境之中；我失落在作为一个写作者，我写这篇文章的时候还要不停的考虑措辞，以免哪个地方说过了线；我失落在当他人以善意面对我的时候，我的第一反应居然是会不会有什么阴谋；我失落在我们自己的文艺作品很少能够在台湾真正流传，而能在台湾流传的关于我们的大多是那些历史真相和社会批判，更让人失落的是那些批判和揭露往往都是被我们自己买了回去，用于更加了解我们自己。除了利益和人与人之间的斗争，我们几乎对一切都冷漠。这些冷漠和荒诞所催生的新闻都被世界各地的报纸不停地放在头版，虽然可以说这是官方的错，但无奈却也成了这个民族的注释。

是的，我要感谢香港和台湾，他们庇护了中华的文化，把这个民族美好的习性留了下来，让很多根子里的东西免于浩劫。纵然他们也有着这样那样的诟

清秋

病。而我们,纵然我们有了丽兹卡尔顿和半岛酒店,有了GUCCI和LV,我们的县长太太也许比他们最大的官员还要富有,我们随便一个大片的制作成本就够他们拍二三十部电影,我们的世博会和奥运会他们永远办不起,但走在台湾的街头,面对着那些计程车司机、快餐店老板、路人们,我却一点自豪感都没有。我们所拥有的他们都拥有过,我们所炫耀的他们的纳税人不会答应,我们所失去的他们都留下了,我们所缺少的,才是最能让人感到自豪的。

文化,法制和自由是一个民族的一切,别的国家不会因为你国的富豪疯狂抢购了超级跑车和顶级游艇而尊敬你的国民。坐在空客330的机舱里,飞翔在两万英尺的高空,一个半小时就到了上海,窗外望去,都是海水。既然我们共享着太平洋的风,就让它吹过所有的一切。

这个世界是有趣的

看守高粱地

周有光

在宁夏平罗的远郊区,"五七干校"种了一大片高粱,快到收割的时候了。林汉达先生(当时71岁)和我(当时65岁)两个人一同躺在土岗子上,看守高粱。躺着,这是"犯法"的。我们奉命:要不断走着看守,眼观两方,不让人来偷;不得站立不动,不得坐下,更不得躺下;要一人在北,一人在南,分头巡视,不得二人聚在一起。我们一连看守了三天,一眼望到十几里路以外,没有人家,没有人的影儿。没有人来偷,也没有人来看守我们这两个看守的老头儿。我们在第四天就放胆躺下了。

林先生仰望长空,思考语文大众化的问题。他喃喃自语:"揠苗助长"要改"拔苗助长","揠"(yà)字大众不认得。"惩前毖后"不好办,如果改说"以前错了,以后小心",就不是四言成语了。

停了一会儿,他问我:"未亡人"、"遗孀"、"寡妇",哪一种说法好?

"大人物的寡妇叫遗孀,小人物的遗孀叫寡妇。"我开玩笑地回答。

他忽然大笑起来!为什么大笑?他想起了一个故事。有一次他问一位扫盲学员:什么叫"遗孀"?学员说:是一种雪花膏——白玉霜、蝶霜、遗孀……林先生问:这个"孀"字为什么有"女"字旁?学员说:女人用的东西嘛!

清秋

林先生补充说：普通词典里没有"遗孀"这个词儿，可是报纸上偏要用它。

"你查过词典了吗?"我问。

"查过，好几种词典都没有。"他肯定地告诉我。——他提倡语文大众化的认真态度，叫人钦佩!

那一天，天上没有云，地面没有风，宇宙之间似乎只有他和我。

他断断续续地谈了许多有哲理的笑话。什么"宗教，有多神教，有一神教，有无神教"……

"先生之成为右派也无疑矣!"我说。

"向后转，右就变成左了。"他笑了!

谈得起劲，我们坐了起来。我们二人同意，语文大众化要"三化"：通俗化、口语化、规范化。他说通俗化是叫人容易看懂。从前有一部外国电影，译名"风流寡妇"。如果改译"风流遗孀"，观众可能要减少一半。口语化就是要能"上口"，朗读出来是活的语言。人们常写，"他来时我已去了"。很通俗，但是不"上口"。高声念一遍，就会发现，应当改为"他来的时候，我已经去了"。规范化是要合乎语法、修辞和用词习惯。"你先走"不说"你行先"(广东话)。"感谢他的关照"不说"感谢他够哥儿们的"(北京土话，流气)。"祝你万寿无疆"，不说"祝你永垂不朽"! 林先生进一步说："三化"是外表，还要在内容上有三性：知识性、进步性、启发性。我们谈话声音越来越响，好像对着一万株高粱在讲演。

太阳落到树梢了。我们站起来，走回去，有十来里路远。林先生边走边说：教育，不只是把现成的知识传授给青年一代，更重要的是启发青年，独立思考，立志把社会推向更进步的时代!

这个世界是有趣的

从绅士风格谈起

傅佩荣

直至今日，用英文翻译中国经典时，遇到"君子"一词最常见的译法就是"绅士"。由此可知，这两个词在各自的文化传统中都是指称某种值得肯定的人格典型。不过，"绅士"一词也可以广泛指称成年男子，所以在演讲的一开头，许多人会说："淑女们与绅士们"。而在使用中文的人群中，很少听说谁会公开说："各位君子"。也许"君子"的层次更高也更为罕见，并且始终保持其理想性。

有一位复旦大学的硕士生来台大求学一年，说他很佩服一位心理系教授，因为这位教授一再强调：儒家要求人人都成为君子。我问这位学生：他有没有说明一个人"为什么"要成为君子？答案是没有。心理学与哲学的差别即在于此。心理学告诉你：如果你希望社会和谐，你就应该修养自己成为君子。哲学告诉你：如果你理解"人性"是怎么回事，你就会要求自己成为君子。换言之，在儒家看来，成为君子不是为了外在的目的（如社会和谐），而是为了完成自己的人性（因为人性向善）。

那么，西方人所肯定的"绅士"是一个什么样的概念呢？它有没有更深刻的根源呢？

清秋

一、绅士理想的源头

满清最后一位皇帝在紫禁城出生,当时西方的船坚炮利已经震慑了中国。溥仪如果再接受传统的中国式教育就不太合时宜了。宫廷为他找来一位英国籍教师强斯顿。当强斯顿同溥仪谈到他将会受到何种教育时,特地描述了"绅士"的形象,其大意是:绅士是一位说他所想并且想他所说的人;他对言语能运用自如,可以精确表达自己的意思;而且具有正直的品行,保证会对自己说过的话负起责任。

"言语"在此居于关键地位。这是西方自古希腊以来的传统。在古希腊,受过良好教育的人可以在公开场合针对公众事务表达自己的看法。雅典没有律师阶级,因此每一个公民都必须能够在诉讼案件中为自己辩解。苏格拉底就是著名的例子,他受人诬告,独自面对五百多人的大审判团,公开为自己辩护的过程,相当完整地记录在柏拉图的对话录《自诉》中,已成为文化史上经典的场面。

当时有一个辩士学派,专门教导修辞术,特别推崇语言的力量。其中的代表人物高尔加斯说:"语言是一股伟大的力量,它用最渺小并且最不可见的方式取得最神圣的成就;因为它甚至能够让恐惧止息、让忧伤消逝,创造快乐情绪,以及增加怜悯之心。"与柏拉图同一时代的伊索克拉特在办学方面颇有成就,他进而认为:一个人如果口才过人、足以说服听众,那么他不但不会图谋私利,反而会"选择优美而文雅的主题,还有那些涉及共同善的事物"……而且一个想要说服他人的人,并不会忽略自己的美德,反而会予以特别的关注。

到了罗马时代,西塞罗对于"公民"提出一个标准,实无异于绅士精神的体现。他在《论公共责任》中说:"我们生来就不是只为自己而活……大地产生的一切都是为了我们使用而创造的,因此我们做为人,也是为了他人而诞生的,为了彼此能够互相扶持而诞生的。因此,我们应该以大自然为导师,并透过善意的响应而对人类的共同善有所贡献。也因此，藉由我们的技艺、努力与天赋，我们应该致力于人类社会的团结，让它和平而和谐地传续下去。"

经过漫长的中世纪，宗教与神学并未压抑或排除人文心灵的关怀。十四世纪开始了文艺复兴运动，佩脱拉克把经院哲学让人烦心的枯燥论证搁在一边，公开陈述："知道何谓四足动物、鸟类、鱼类与蛇的本性，而不知道或甚至忽视我们自己的人性，我们诞生的目的，我们从哪里来又将往哪里去，那么你所知的有什么用呢？"西方的绅士理想至此确立了基本形态，就是要关注于修养自己以谋求共同的福祉。这种理想与宗教并无必然冲突，而是聚焦于对人性的深刻认识上。

二、绅士与博雅教育

15世纪初期，维格里欧写下第一本人文主义者论教育的著作：《论绅士的举止与博雅教育》。其目的在塑造年轻人的品格，使其成为正直而关怀社会的成年人。他说："因此我们认为，只要一门学问配得上一名自由人，它就算是博雅教育的一环。通过这些学问，人们会实践或追求美德与智慧，并且身体或心灵也会因此而倾向于一切最美好的事物。"这种博雅教育已经成为后代大学教育的目标之一了。

为了完整说明强斯顿在溥仪面前提出的绅士理想，最好的办法还是引述纽曼在《大学的理念》所做的细腻而著名的描绘。所谓绅士，是这样的一个人："他帮助别人时，不会邀功。他施舍时，倒像在接受施舍。……争论时不会口不择言，也不会胆怯退缩；不会占人便宜，不会把人格魅力或尖锐言词当成论证，也不会迂回地讽刺骂人。他不会因为别人出言不逊而感到被冒犯，因为他清醒明智；他不会记得他受过的伤害，因为他专注于眼前要做的事；他不会对人心怀恶意，因为他没有那种空闲。"

清秋

这样的"绅士"如果用来翻译儒家所谓的"君子",大概相去不远了。仔细推敲,还是集中于"言、行"二字。孔子的学生分为四科:"德行、言语、政事、文学"。深入分析,依然是"言行"二字。《易经·系辞传上》引述孔子的话说:"言出乎身,加乎民;行发乎迩,见乎远。言行,君子之枢机。枢机之发,荣辱之至也。言行,君子所以动天地也,可不慎乎!"

我们阅读中西文献,经常觉得西方的数据在译成今日通行的白话文之后,反而显得没有距离,其内容也更容易理解。如果对照纽曼对绅士的描述,与孔子的这一段话,确实会让人产生这样的感受。既然如此,不妨再听几句纽曼的说法。他说:真正的绅士"会小心地避免让旁人感到刺耳或不安。他会避开意见的冲突、感受的纠结,不让人觉得压力或疑惑,也不激起愤怒。他最关心的就是让每一个人都感觉舒适自在。"这番话在社交场合也许可以产生作用,大家表现所谓的绅士风度。但是稍加思索不免让人困扰,因为这听起来倒像是孔子与孟子所大力批评的"乡愿"了。难道西方的绅士最后看起来会是一个乡愿吗?

或者,以比较公平的方式来说,儒家所谓的君子,是否在某些方面也会显得类似乡愿呢?这是一个严肃的问题。凡是主张"人和为贵",要求大家互相尊重及忍让的说法,不是都有乡愿的嫌疑吗?这个问题如果落实在具体的生活处境中,必须考虑两个前提:一,如何判断谁善谁恶,以致你可以采取明确的及正确的立场?二,如何肯定自己是对的,是站在善的一方,以致可以同恶的一方划清界线?这两个前提不论在中国或西方,都没有公开而清楚的判断的标准。这也是人生的根本困惑之一。

不论绅士或君子,都不是顺着人天生的本能就可以发展成功的。两者都需要接受教育并进行修养,并且目标都是"修己善群",使自己成为维护群体秩序的中坚力量,使社会因为自己而更为完善。在此,问题转变为:是否只有少数人,因为受过教育而有责任成为绅士或君子?或者,这种人格典型是"每一个人"（不分性别与阶级）都应该去向往及实践的？

我想，答案应该是后者：每一个人都应该成为君子或绅士。这种答案若是成立，就须进而探问：这种人人具备的责任是由何而来的？是神的命令（或可称为"天命"），还是人性共同的要求？若是无法回答这个问题，则绅士或君子的理想终究是虚而不实的。

鼓掌是一种社会传染病

徐 贲

前不久,瑞典乌普萨拉大学科学家发表的一项研究结果显示,人们对一场表演鼓掌欢呼的程度并不取决于表演的水平,而更多地取决于观众间的相互影响。欢呼往往是传染性的,几个人开始鼓掌欢呼,便会在人群中扩散开来,而一两个人停止鼓掌,则又会导致大家都停下来。即便是对于质量相同的表演,鼓掌欢呼的时间也会长短不一,差别很大,这完全取决于人群的压力。当"鼓掌的压力来自于整个房间里的掌声,而不是坐在你身旁的个人的行为"时,鼓掌欢呼便成为一种具有标志意义的"社会传染病"。

鼓掌不是一种单纯的个人身体语言,而是一种集体的社会行为。这在罗马时代就已经有了充分显现。鼓掌的拉丁语是applaudere,原意为"击"和"拍",但重点却在表示欣赏、认同、鼓励、庆祝。罗马人把多种仪式,不一定是拍手鼓掌,都叫作applaudere,它可以是用手指打响指,也可以是挥动宽袍的衣襟,后来则是挥动手巾。手巾是罗马皇帝奥瑞利安(公元270—275年在位)发给罗马市民的,就像"文革"时的"红宝书",在重要的场合用来一起挥舞欢呼。罗马剧院里一剧终了时,主角就会喊一声"再见,鼓掌!",于是在鼓掌员的带领下,观众便会有节奏地鼓掌。

这往往是预先安排好的,鼓掌员也是花钱雇来的。好多年前,某昆剧团到美国伯克莱献演昆剧《牡丹亭》，也是事先把一些自己人的"托"安排在剧场里的不同地方，让他们充当这样的观众鼓掌员，他们每次一开始鼓掌，美国观众就算是莫名其妙，也会照样跟着鼓掌。这与瑞典学者的研究结果完全一致。

如今，西方政治生活中常可以看到这种有人带头的仪式性鼓掌。有组织背景的政治人物登台演讲，还没开口，支持者就开始鼓掌，表示拥护和爱戴。这种鼓掌与这位政治人物在演说中要说什么完全没有关系。这种掌声当然也会在演说之后热烈地响起。哪怕演说很糟糕，了无新意，或者根本就是假大空，忠实的听众也照样会热烈鼓掌，因为这本来就是一种政治仪式。

政治礼仪的鼓掌可以在某些制度下变成恐怖统治的手段。前苏联作家索尔仁尼琴在《古拉格群岛》中说了这么一件事情，莫斯科附近的一个小城召开政治会议，当地要人们均参加会议。便衣警察像以往一样，渗入了大厅里群众之中。众多的演讲之后，进入晚会的最高潮——歌颂俄罗斯的伟大领袖斯大林。歌颂完毕。全体起立，热烈鼓掌，掌声持续了三四分钟还不停歇。人人都知道秘密警察在监视谁先停止鼓掌，于是六分钟，八分钟……掌声还在继续，老年人的心脏跳得厉害。九分钟，十分钟过去了，大家害怕起来，没人知道这情形如何结束。这时，一位坐在讲台上的造纸厂厂长鼓起了勇气，停止鼓掌，坐下。好像发生奇迹似的，宁静降落在整个大厅内：现在可以不鼓掌了，大家如从噩梦中醒了过来。一星期后，造纸厂厂主以玩忽职守的罪名被捕，判监禁十年。审判结束，法官走过他身边时，对他说："下次当涉及斯大林时，你可要小心，不要率先停止鼓掌。"在这种表演性的政治仪式中，人们用鼓掌表演对领袖的绝对忠诚，在它的背后则隐藏着极端的恐惧。

德国思想家恩斯特·卡西尔于希特勒在德国上台后愤然辞去汉堡大学校长职务，他曾对表演性政治仪式的功效和目的这样写道："它们就像我们在原始社会里所看到的仪式一样固定、严厉和不可抗拒。每一个阶级、每一个性别、

清秋

各个年龄,都没有自己的意志。不表演一种政治仪式,谁都不敢在大街上行走,谁都不能招呼自己的邻居或朋友。就与原始社会一样,忽略一个规定的仪式就意味着痛苦和死亡。甚至在年幼的孩子那里,这也不能仅仅看作是一种疏忽罪,它成了反对领袖和集权国家威严的一种罪行。"

在纳粹德国,对领袖鼓掌欢呼只是众多政治仪式中的一种,高抬右臂45度,手指并拢向前的"纳粹礼"更是每个德国人见面时必须行使的仪式。卡西尔说,"这些新仪式的效果是很明显的。没有什么东西能比该仪式的不变的、统一的、单调的表演更能销蚀我们的全部活动力、判断力和批判的识别力,并攫走我们人的情感和个人责任感了。"在这种情况下,无论什么人都必须参加这种表演,"他们表演着同样规定的仪式,开始用同样的方式感觉、思维和说话。他们的姿态是强烈而狂热的,但这只是一种做作的假的生活。事实上,他们是受外力所驱动的。他们的行动就像木偶剧里的挂线木偶,他甚至不知道,这个剧的绳子,以及人的整个个人生活和社会生活的绳子,都由政治领袖们在那里牵动。"

衣上酒痕诗里字

安意如

一到下雪天,我就开始犯酒瘾。这个瘾,不是真的饮。我会不自觉的想起,"新雪对新酒,忆同倾一杯","晚来天欲雪,能饮一杯无"这样的话。所以干脆就这个瘾,谈谈古人诗中饮酒的意境。

除了武松这样的江湖豪客在景阳冈上连饮18碗以外,抑或竹林七贤,饮中八仙这种天生海量,彪炳史册的酒徒,古人诗中,出现的关于酒的字眼,大抵是一醉,或一杯,说破了,怡情小酌而已。

"对酒当歌,人生几何。譬如朝露,去日苦多。"即使不谙熟诗文的人,多亦朗朗上口。但曹公心绪又不全然类于我等凡俗,古人言道借酒浇愁,沉醉之时,仍是沉心思索。即便是纵情共醉之时,亦不曾磨损了心头灵智,那一点灵犀,仍可呼应天地。

若你懂得,就该知道,若没有酒香,我们的诗意,会减损了多少。

酒可做药引,纾郁气,熄心火,半醉半醒间,看现实更为深广,搏一个大日开怀;酒是良朋知己,检点心事,唤醒蛰伏的志愿,看自身机遇更为豁达。而今人饮酒作乐,真正是恃醉行凶,胡作非为,这等品行,说得再高,也就是水浒中泼皮无赖的水准。实在是浪费粮食,荼毒文化。我突发奇想,对付这些人,假如处置办法不是罚款拘留,而是罚他去种地,种到粮食长出来为止。恐

清秋

怕会更更有教育效果,如果白天种地,晚上抄诗词,写心得,这也不失为一个普及传统文化的好办法。

我其实是不懂酒的,只能是以诗为酒,品其芳醇。话头既然说得从白乐天起的,那么就来看白居易的两首诗:

> 蝉发一声时,槐花带两枝。
> 只应催我老,兼遣报君知。
> 白发生头速,青云入手迟。
> 无过一杯酒,相劝数开眉。
>
> ——《闻新蝉赠刘二十八》

> 小园斑驳花初发,新乐铮摐教欲成。
> 红萼紫房皆手植,苍头碧玉尽家生。
> 高调管色吹银字,慢搜歌词唱渭城。
> 不饮一杯听一曲,将何安慰老心情。
>
> ——《南园试小乐》

岁月的流逝,悄然改变的,不是容颜,而是心境,不过是几年前,我读白居易的闲适诗,仍是难得其深邃的。闪念想过的,总是那种豪情写意的诗酒歌篇。譬如,"葡萄美酒夜光杯,欲饮琵琶马上催,醉卧沙场君莫笑,古来征战几人回。"

前年,独走西域古道,到甘肃武威,途经茫茫戈壁,想到的就是王翰这首凉州词。不是不凄惶的,丝路起风,大漠如烟,我所感怀的,不是战争的残酷,不是勇者无惧,视死如归。若真能醉卧沙场,不失为快意人生,而是,凉州,甘州,瓜州,这些曾经诗意盎然、令人神往的地方,如今如故人落魄,让

这个世界是有趣的

人不忍相认。

那残阳如血,照亮前尘,迎面是西北大地凛冽的风,我自认不是多愁善感的人,但那一瞬,心事忽然像尘埃变重,悲从中来。

不久前去往洛阳,住在东山,旁边就是白园,香山居士安葬于此。我日日经过,想起他仕隐之后作的那些诗,一字一句飘入脑海,忽然就清晰如刻,心领神会。

洛阳冷雨潇潇,对岸就是龙门石窟,因汛期而暂时封闭。但我觉得此行意已足,我已心知他当年隐逸于此的心意。这千年之前相邀的一杯,我已接过,饮下。

往事沉淀了多少甘苦滋味,世事之不可追,人生之注定迟暮,又岂是一腔少年热血,可以挽回?石佛矗立,凝目人间,繁华过后,俱化沧桑。

黄庭坚说,"桃李春风一杯酒,江湖夜雨十年灯。"松开紧握的手掌,留在回忆尽头的,只能是心头的一丝温良。

渐渐有了与他相似的情怀,若真能如他一样,乐天知命,怡然终老,不失为人生大幸。白居易一脉,中唐后传至李商隐,经五代而艳,宋初由晏殊婉转相承,这太平宰相,富贵词人,在他的《珠玉词》里这样写道:"一曲新词酒一杯,去年天气旧亭台。夕阳西下几时回?无可奈何花落去,似曾相识燕归来。小园香径独徘徊。"

人在酒外,情在酒上。酒要饮得恰到好处,醉也要醉得相得益彰,不可掩了清淡雅妙,染污了夜岁芬芳。

不同于白居易诗中生活小品似的闲适温情,盛唐的诗人们常以酒寄意,侠情壮志,不可磨灭。李白的诗,自然不必多说,那是个嗜酒如命的家伙,举目望去,月影仙气,俯身嗅去,犹带酒香。便是那些投军塞外的边塞诗人,佳文既出,也是窖藏的千古文章。

清秋

行子对飞蓬,金鞭指铁骢。
功名万里外,心事一杯中。
虏障燕支北,秦城太白东。
离魂莫惆怅,看取宝刀雄。

——《送李侍御赴安西》高适

"功名万里外,心事一杯中。"何其慷慨!我所心许的盛唐气象,连沉郁也沉郁得气动山河。这一句大抵来自庾信的《咏怀》:"摇落秋为气,凄凉多怨情。啼枯湘水竹,哭坏杞梁城。天亡遭愤战,日蹙值愁兵。直虹朝映垒,长星夜落营。楚歌饶恨曲,南风多死声。眼前一杯酒,谁论身后名。"

庾信的悲秋意,又上承宋玉,都是离乡去国之人,诗名煊赫,身世凄凉——李白的《行路难》结语亦出于此,但他说,"且乐生前一杯酒,何须身后千载名。"两相比对,恰如曲水流觞,情传至此,翻出新意,足可见唐人风采,化哀凉为慷慨,壮志不堕。唐以后战乱更频,但唐以后的边塞诗,新意少出,气象减衰。纵有令人眼前一亮之语,亦不过是意境相通,情怀类似而已。酒入愁肠,不是不让人怀想的。

而今人,则正在彻底丧失运用词语去表达情感的能力,我们津津乐道,词不达意。汉语跌堕至此,灵性趋于消亡,绝不是危言耸听之语。

有时,我在想,浮波浪转,为何我们就回不到"寒夜客来茶当酒"的潇洒磊落当中。你星夜来访,我煮茶温酒相待,你踏雪而归,我引月相送。

为什么我们活得如此怨声载道,纵是声名显赫的人,内心亦无法坦然甘愿。

得到屈指可数,失去的无法数算,古雅写意,好像只能在故纸堆中去感知,心会。连清清定定的清谈小酌,亦成了不可多得的福分。

浮生潦草如斯,夫复何言?

这个世界是有趣的

人间久别不成悲

安意如

已是许久没有写下关于旅行的文学。今夜起意，终是要为这三月开始的旅行，寥寥记上几笔。

三月。从丽江动身，走滇藏线上拉萨，而后从青藏线前往新疆。这一路说是有具体的目的其实也没有。只是某日看见街旁的樱花开了。想着春色正惑，总不甘蛰居一室，所以收拾起行囊出发。

既是因花起意，这一路索性寻芳而去。记得有一年的《中国国家地理》，做了一期西藏波密的专题，用的题目特别叫人印象深刻，乃是——"波密，桃花欲狂"。这个"狂"字深深刻入眼底，叫人心眼灼亮。我为着桃花，单写过一本《世有桃花》，当真是以诗词为经，今古之事为纬，依然觉得，歌不尽桃花人世。

此番溯江而上，为桃花而来。金沙江、澜沧江、怒江、雅江一路宛转浩荡，波波漾漾，但见春山染碧、山花狷狂。而那雪山沉静，日升而露，月暮而隐，不因人事变动而有半分动摇。

我在山上看落日，观赏天空的颜色变幻，从红霞漫天的肆意，转到蜜蜡黄的温暖，再到玫瑰紫的收敛。不过转瞬，云底会泛出极美的湖蓝色，天空变得像湖泊一样静谧。夜风清冷，感觉上湖蓝色渐渐凝固清透时，原先浅浅淡淡的

清秋

月亮，终于变得白白亮亮。

终于在一天清晨寻到梦中的美景。那是在波密的嘎朗湖边，车行过，回头看见桃花林整片倒映在碧净的湖面上。惊呼一声之后，即刻屏气凝神，湖面有两三只水鸟停栖，湖岸有狗穿梭而过，而迎着我们的车走过来的，是悠闲而纯良的牛群。

"你未看此花时，此花与汝心同归于寂。你来看此花时，则此花颜色一时明白起来，便知此花不在你的心外。"那一刻，我确信自己看见的是文字中古老的桃花源，年轻的纤尘不染的人间仙境——"桃花流水杳然去，别有天地非人间。"古人诚不欺我！

我在灵魂的故乡上奔走，看见金色的太阳、白色的雪山、黑色的玛尼石、白色的佛塔。遇见笑容平和的乡人，却看见了繁容造作深处的贫瘠和荒凉。

愈近拉萨心愈悲，像一团乱麻堵在心口。在南迦巴瓦脚下做了个很悲伤的梦，梦到拉萨被拆的一塌糊涂，我在废墟上寻找熟悉的人和地，因为自知徒劳而哭泣。

某种久远的孤独向我袭来。悲哀像洪水漫溢。这悲从中来，我自己也不能解释，或者是我不想解释。我知道我是自虐。明明知道这日光之城已面目全非，却一次一次的回来，执着地想在它日渐改变的形貌上找寻昔日的荣光圣洁。可我目睹的，分明是一场漫长无期的凌迟。

布宫，唯有看见布宫依然矗立在红山顶上我才心定。大昭寺，只有匍匐在大昭寺觉沃佛前，我才敢痛哭失声……

耀眼的日光，化作眼前灼灼的酥油灯光。这众生的虔诚，难道终是化为虚无？

这失落的圣城啊！除了一次一次的来看你，除了一遍一遍口诵真言，除了用艰难的脚步，用想象中的身躯温暖你。

不愈的伤口，我还能为你做什么？

这个世界是有趣的

我已不能为你做什么。

梦中未比丹青见……人间别久不成悲……

在拉萨待了三天之后,为赶新疆杏花的花期,我们提前出发,仅仅花了三天就走完了三千多公里的路程。真真称得上晓行夜宿,日夜兼程。好在精力旺盛,并未因赶路而错过路上美景。

有人说,川藏线(滇藏线)像小说,新藏线像散文,那么,青藏线像什么呢?它像诗,并无太多字数,可是感情一样深厚。该平淡的时候安于平淡,该奇崛的时候亦绝不吝惜。

山口上真是冷啊!冷到落雨、冷到飘雪。冷到穿着羽绒服,冲锋裤下车,不到五分钟就冻得浑身冰凉。这已是四月了。我这位历来风趣毒舌的朋友说,林徽因说,你是人间四月天,说得是高原上的四月天吧!阴晴不定,心思难测……

在唐古拉山口,看见形如奔马的云朵,在昆仑山口,看见形如冰湖的晚霞……这些人迹罕至的地方,自古以来就没有多少人类存在的痕迹,所以这山、这河、这树都未染尘息,要在荒凉的深处跋涉不止,才可邂逅繁盛风景。即使这繁盛乍看起来也是荒寒的。

青海和西藏本为一体,所以在青藏高原上开车走了两天,依然觉得是在藏区,直到第三天,看到道旁笔直的白杨树,吃上了香喷喷的抓饭和拌面,才惊觉已经进入南疆。

西藏和新疆都是毋庸置疑的大。这极大,极浩瀚,极空旷之间又有细微差别。就好像两地人的性格,西藏是热烈而平和,新疆是热情而执着。自然风光各有其妙,不相上下,但以饮食水准来说,新疆胜出不止一等。

曾有朋友问我藏家宴好不好吃。迎着他们热情洋溢的脸,我沉默了一下,斟酌着说道:如果你没有试过,可以试一下。我们西藏的藏家宴基本是从吐蕃王朝开始攒起来的家底……差不多……呃……两百年推出一道菜吧。

清秋

实在是屈指可数啊！屈指可数！

地大物博，物产丰富，这两个词用在哪里都没有新疆贴切，再加上西域古道，丝绸之路带来的商品流通，香料大量涌入，新疆人民在饮食上面最为开明，积极学习，汉人的烹饪之术被他们融会贯通，导致新疆的饮食水准比周边的土耳其、巴基斯坦等等国家，都强上许多。

对我这种嗜好牛羊肉的人来说，新疆简直是天堂。顿顿吃到撑，就算辗转入山去拍杏花，也不足以消耗过剩的营养。我只能一边豪放地啃着比我脸还大的肉和馕，一边做心理暗示：你不会肥……你真的不会肥……

结果，我当然还是肥了。

杏花开到极盛是白色的，再开就谢了。只有初绽时是略带红润的。它的温柔之态和桃花的肆狂是迥异的，大片的桃花，会看得人几欲羽化仙去；而杏花，即使是大片的，也让人想到归家的安静。

看到杏花满地，心头总会涌起淡淡的温柔。想着在花树下入眠，醒来时落花染襟，回眸处漫天花雨，人世的美好和惆怅都要一一笑纳了。

我是多久没有看到如此广阔的草原？我觉得我在重新认识"辽阔"和"无边无际"这些词汇。

当我靠近草原的时候，我相信我是在它最美的时候到来，此时它换上的正是四时华服中最精美的一件，那绿色之中不同层次的绿，那黄色之中不同程度的黄，那紫色之中不同分量的紫。

绿草为裳，山花为佩，层层叠叠，一片接着一片，延伸到视力不能拥抱的远方。

早上醒来的时候，走出毡房看见天空碧蓝如洗，云好像绣上去精致轻盈，碧绿草场绵延到与天相接的地方。牧民赶着马群经过，踏花归去马蹄香。

是在这一刻顿悟，这就是我一直期待，念念于心的生活。此刻，我满心欢喜，常怀感恩。上天用另一种方式带我回溯到往生。

这个世界是有趣的

　　我在草原上走着,有时坐下来,看着天空中偶尔掠过的鹰隼,它渐飞渐远,我寻觅它的踪迹,体会到不可言说的孤独和寂静。我走进这草原,与之相逢,是轮回中转瞬即逝,是可以忽略不计的弹指,它承载的历史和往事却是太多,太多……

清秋

真实的慈禧太后：贡献、幸运与悲凉

马 勇

在近代中国，慈禧太后是被多重妖魔化的政治人物：康有为、梁启超等因为1898年政治变革失败，归罪于皇太后，将其描写为一个弄权的老太太，一个只知道欺负那个可怜养子的恶妇；革命党人孙中山、章炳麟等出于革命大义，倡导排满革命，也将慈禧太后视为近代中国一切罪恶的渊薮；到了后来，马克思主义史学家为了论证"半殖民半封建"的政治判断，接受孙中山、康有为等人的看法，对晚清几十年政治发展持批判态度，对于慈禧太后基本否定；至于民间野史，大都根据这几种史观编排慈禧太后的故事，甚者以男权主义立场予以恶意攻击；最近者则由出版社借着英国青年的梦话编造什么跨国姐弟恋，更有莫名其妙的专家鼓掌叫好。显然，这些认知只是彰显一种或几种历史观，并不是历史真实。真实的慈禧太后根本不是这个样子，她只是一个女人，一个非凡的女人而已。

一个女人的幸与不幸

慈禧太后，叶赫那拉氏，生于1835年。1852年17岁时以秀女入宫，稍后晋升为兰贵人，再后被册封为懿贵妃。1856年，懿贵妃为咸丰帝生下唯一的皇子载淳,也就是后来的同治帝。母以子贵。这个年轻的女人自然在宫中渐渐得宠,地位渐渐高升渐渐巩固。这是中国传统社会谁也没有办法的"羡慕忌妒恨"。

从秀女一步一步走来,是机遇,是命运。然而在后来许多好事者看来,这个女人太不寻常了,好像她从一开始就会耍手腕弄权谋。这显然是一种臆测,是后人以小人之心度君子。试想,贵为一国之尊的咸丰帝风流倜傥,足智多谋,阅女无数,一个凭借智慧巧妙登上皇帝宝座的年轻人,怎么可能喜欢一个满腹心事忧虑重重的女人呢?

年轻的兰贵人或许说不上貌若天仙,但一定是一个讨人喜爱的小姑娘。这是她成功的前提,是咸丰帝宠幸的关键。至于兰贵人后来一步一步走上权力巅峰,那是时代使然,是历史留给她的机遇;而她又紧紧抓住了这个机遇。

兰贵人是幸运的,因为风流的咸丰帝毕竟让她怀上了龙种,而且是唯一的。当这个小皇子出生的时候,兰贵人刚刚21岁,她的夫君也不过25岁。这段时光应该是她一生中最为快乐最为得意最无忧无虑的日子。

然而好景不长。"苦命的"咸丰帝太缺少世界视野了,他在内患太平天国闹事尚未根除的时候,竟然又偏听偏信,因为驻京公使及扩大开放、增加通商口岸等问题与列强闹起了别扭,引发第二次以鸦片为名的战争。1860年8月,英法联军长驱直入,陷大沽,占天津,试图攻进北京,以城下之盟迫使清廷答应各项条件。

中国虽然对西方部分开放已经20年了,世界上的事情也知道了不少,但要让中国成为西方那样的国家,融为一体,似乎还有很大困难。英法联军向清廷提交了一份照会,要求增加天津为通商口岸,要求各带五千精兵进京换约。

对于还没有充分经验与洋人打交道的咸丰帝和诸位重臣来说,英法两国的要求委实有点欺人过甚。年轻的咸丰爷似乎也咽不下这口气,发誓要御驾亲征,决一胜负。英法两国的要求是想向中国皇帝亲递国书,中国皇帝的玺书也

清秋

将由这些来使自己带回。英法两国的这些要求今天看来太小儿科了，但在当年不得了，清廷君臣一致认为这些要求违背了大清礼仪，有冒犯之意。咸丰帝指示：如果这些使臣必欲亲递国书，那么必须按照大清礼节，拜跪如仪。否则，唯有决一雌雄。

咸丰帝的态度深刻影响了部属。9月18日，双方谈判决裂，中方竟顺手扣押了对方谈判代表巴夏礼及其随员数十人，引发灾难性后果。

两国交兵不斩来使。这是国际法原则，其实也是中国自古以来的规矩。英法联军与清军全面冲突，清方渐渐不支。为挽救败局，9月21日，咸丰帝阵前换帅，将钦差大臣怡亲王载垣等人撤职，任命能干的"鬼子六"恭亲王为钦差大臣，便宜行事，督办和局。在作了这些安排后，咸丰帝于第二天自圆明园逃亡热河，当然公开宣布的理由是去那儿"狩猎"。

咸丰帝的担心显然是多余的，有恭亲王留守京城与洋人交涉，中国在作出一些让步后很快达成了妥协，同意将天津扩大为通商口岸，准许英法两国招募华工等。

中外妥协达成后，京城已经恢复往昔平静，只是咸丰帝先前醉生梦死花天酒地的圆明园被英法联军付之一炬，毁坏惨重。这或许是咸丰帝不愿回銮的原因之一。咸丰帝是清代皇帝中最好色的帝王，也是至此唯一被赶出京城的帝王。流亡中咸丰帝依然不忘美女美酒，心力交瘁与体能大量消耗，终于使这个"苦命天子"在1861年8月22日一命呜呼，撒手人寰，年仅30岁。

叔嫂搭台共创新局

咸丰帝在生命垂危之际作了两项政治安排：一是立6岁皇长子载淳为皇太子，二是加派载垣、端华、景寿、肃顺、穆荫、匡源、杜翰、焦祐瀛等人尽心辅弼，赞襄一切政务。这就是所谓顾命八大臣。至于那个小皇帝载淳，就是当年的兰贵人，现在的懿贵妃那拉氏的亲生子，也是咸丰帝的唯一儿子。

此时，懿贵妃年仅26岁，漫长的守寡生活从此开始。她在皇叔恭亲王协助下，与东太后一起领着6岁皇儿同治帝共同治理着这个庞大帝国，表面上的辉煌与体面无论如何掩饰不住一个青春少妇的正常欲望。年轻寡妇守的不是大清王朝的江山，而是孤独与寂寞。

咸丰帝死了，留下了孤儿寡母，懿贵妃很快被小皇儿尊为皇太后。年轻的皇太后变成了西太后，和另一位年轻的东太后一起掌管着这个国家，他们的全部希望也就是这个小皇儿，那是她们生命的全部希望。

然而，在传统政治架构下，咸丰帝死前留下了政治安排，八个顾命大臣不仅要辅佐着这个小皇帝，而且好像还要约束着这两个皇太后。按照那时的制度，皇上的母亲当然无权干政，但那个小皇帝毕竟是她们的儿子啊？再者说，当年顺治爷、康熙爷也是幼年即位，如果没有孝庄皇太后帮助，顺治时期怎能那样顺利治理，康熙年间怎能走向辉煌？咸丰帝的临终安排对于自己来说，或许是一种负责任的表现，但对大清，对未来，特别是对那个小皇帝，则不尽然。尤其是，咸丰帝将权力授给了八大臣，而对那个最能干的六王爷恭亲王则排除在外。

顾命八大臣对清廷是忠诚的，对小皇帝也是尽心的，只是他们似乎受传统影响太深，不太瞧得起这两个年轻寡妇。特别是肃顺，自以为是咸丰帝的宠臣，飞扬跋扈，据说为了取得控制朝廷的全部权力，在咸丰帝在世时就建议除掉懿贵妃；在咸丰帝去世后，甚至计划雇用武士图谋兵变，诛杀懿贵妃。懿贵妃与八大臣特别是肃顺之间，已经是你死我活非此即彼的态势，势不两立，必有一死。

按理说，肃顺可以轻而易举制服懿贵妃，但他可能太轻敌了，太不把这个年轻寡妇当回事了。他根本想不到，这个年轻寡妇联络上不被咸丰帝信任的六皇叔恭亲王，他们联手之后几乎没有怎样费劲就将八大臣一网打尽，将肃顺处死。从此，大清国的政治权力就落入这对叔嫂手中。懿贵妃——此时已被尊称为皇太后拥有最终权力，六皇叔以议政王身份兼管军机处，掌握着大清国日常事务的实际权力。

六皇叔恭亲王确实是一个能干的人，他在与洋人打交道的时候改变了对西方的看法，相信中国如果要改变先前被动局面，一定要走上世界，要改革，要学习西方。从此开始，朝廷在恭亲王的建议下，设立了总理各国事务衙门，开始了洋务新政，大清国的面貌很快焕然一新，一片生机。

大清国的新气象是恭亲王主持的结果。不过如是说来，重用恭亲王，那可是慈禧太后的眼力和大度。而且，慈禧太后不仅重用恭亲王，而且大胆起用汉大臣，使大清政治气象为之一新。从1860年开始，中国确实步入一个恢复重振的轨道，正史中的所谓"同光中兴"固然有御用史学的夸张和修饰，但实事求是地说，中国经过30年和平发展，确实使综合国力大幅提升，军事力量特别是北洋海军组建成军，意味着一个比较强大的中国似乎又要在东方崛起了。

中国的恢复当然不能说都是慈禧太后的功劳，但从历史主义的观点看，那三十多年毕竟只有她是始终如一的最高领导者，她可能没有主动提出过什么变革方案，但她调动起来了内外臣工积极性，而且她能有效把握住中国这艘巨轮应该走的方向。从这个意义上说，慈禧太后既是一个成功女人，又确实是一个非凡女人，是中国历史上为数不多的明智女主。

生命中的缺憾

慈禧太后政治上的成功是巨大的，只是对于一个风华正茂的年轻女子来说，寡居的生活确实令人窒息。好在年轻的慈禧太后有自己的儿子，她看着同治帝渐渐长大，心中的寂寞、孤独也就不那么严重，何况政治本身又有那样的诱惑力。

这个世界是有趣的

十多年的时间一晃而过。1872年，同治帝17岁了，长大成人了，也应该亲政了。慈禧太后在经过这些年的勤劳，也准备撤帘归政，颐养天年，歇歇肩了。然而遗憾的是，仅仅3年时间，慈禧太后的这个独生子，咸丰帝的唯一龙种同治帝竟然于1875年一命呜呼，英年早逝，满打满算还不到20周岁。这一年，慈禧太后年40，正应了中国的一句老话，女人的最大不幸是青年丧夫，中年丧子。这两件不幸都被慈禧太后遇到了。这真是慈禧太后生命中最大的缺憾，是无论多少荣华富贵也无法抵偿的。

慈禧太后是个不幸的女人，也是个不幸的母亲，而且如果往更深层说，她还是一个不合格的母亲。大约是因为咸丰帝死得太早，大约因为年幼的皇子失去了父爱，显得可怜，这都是慈禧皇太后纵容娇惯同治帝的理由。在同治帝从幼年到青年的全部历史中，慈禧太后更多时候采用的是一个年轻寡妇对独子的溺爱、纵容和听之任之，使小皇帝在很小年龄就结识了许多不三不四的坏孩子比如宫中的太监，小皇帝在这些佞臣宵小诱惑下不走正道，整日里嬉戏游宴，耽溺男宠，甚至常常在几个小太监悄悄陪伴下溜出皇宫，微服冶游，整夜整夜在南城琉璃厂、八大胡同等一些茶园酒肆、青楼妓院、花街柳巷盘桓，狎邪淫乐，流连忘返，渐渐走上堕落之路，往往直至第二天早朝时方才鬼不知神不觉潜回宫中，以致有时召见军机大臣时还处在醉酒状态，言语失次，且偶尔不知不觉杂以南城猥贱之事，不堪入耳。

小皇帝微服冶游是个人爱好，不过他似乎也清楚贵为皇上这样做并不好，所以他在南城狎邪淫乐时总是担心遇到熟人，尤其是担心遇到他的那些"众爱卿"。作为皇上当然有权冶游有权私访，但毕竟同治帝年龄太小，太不适当。同治帝知道这一点，所以他刻意回避他的那些具有同好的大臣，因为那样不是一般的丢失体面而是太过难堪，或者他也担心这些"众爱卿"中的哪个强臣一高兴到皇太后那里告他一状。

同治帝这些担心从日常情理层面都容易理解，因此他游冶时为了避开众爱卿，总是在那些佞臣宵小带领下，尽量躲开那些比较高级比较讲究的著名妓院，总是尽量去那些"路边小店"或者那些躲在胡同深处的下等私娼妓馆。

常在河边走，不能不湿鞋。天长日久，也不知在什么时候什么地方，同治帝终于感染上那种不洁之病。死前数日，下部溃烂，臭不可闻，洞见腰肾而死。或曰梅毒，或曰疥疮，当然官方文书说是天花。天花，是清代皇帝多次遇到过的事情，比较好听。

同治帝之死当然是慈禧太后溺爱的后果，由此可以证明慈禧太后不是一个合格母亲。这样不合格的母亲在中国传统社会屡见不鲜。年轻寡妇总是担心自己的孩子特别是这样的独苗被人欺负被人轻视，总是尽最大限度给这样的独苗以自由，不愿用严格的常人规矩去约束，这样的母亲内心深处总觉得没有父亲的孩子已经够可怜了，为什么还要过分约束他呢？如果我们将慈禧太后放在一个常人立场去理解，就应该明白她的这一系列遭遇、选择和普通人其实并没有什么两样，只是不幸成为妃子成为皇后，她的儿子不幸成为皇位继承人而已。

另一种爱法

慈禧太后的独子同治帝就这样死了，没有留下龙种，无人继承香火，而且同治帝本人又是独根独苗，无兄无弟，因此皇位继承既不能按照父死子继的原则自动继承，也无法采纳兄终弟及的特例由亲兄弟中推出一个继承人。大清国突然面对一个权力继承的难题。

面对这样的难题，各种各样的方案提出来了，但在权衡利弊后，清廷还是下决心从与皇室血缘最近的血亲中选择皇位继承人，于是找到了醇亲王奕譞不到五岁的儿子载湉。

找到载湉继承皇位当然与慈禧太后有关，是皇太后意志的体现。只是过去很长时间过于从阴谋论立场看待慈禧太后对权力的贪婪，可能并不合乎历史真相，并不合乎皇太后的想法。

载湉生于1871年，他的父亲醇亲王是道光帝第七子，是咸丰帝的亲弟弟，也就是慈禧太后婆家弟弟；载湉就是皇太后的亲侄子。从与皇室血缘关系而论，已经没有自己孩子的慈禧太后只能找到这样的近亲了，不可能还有比这更亲近的人。

而且，从慈禧太后娘家关系说，载湉的母亲为慈禧太后的亲妹妹，载湉也就是她的亲外甥。双层血缘近亲是载湉被慈禧太后看中的主要原因，不存在为了操纵便于控制等什么理由。

1875年2月25日，年幼的载湉正式过继到宫中，接替刚刚过世的同治帝，年号光绪，是为清朝第十一位皇帝。

青年丧夫，中年丧子的慈禧太后对于这个过继过来的小皇帝应该说是真情实意的，她们母子之间的感情决非那些政治上的反对者，特别是戊戌后政治反对者所说的那样势不两立视若仇雠。果真如此，在任何一个时间段，凭借慈禧太后的权势和决断，她可以坦然找到理由撤换这个小皇帝。

当然，也正如许多领养孩子的中年妇女一样，慈禧太后和小皇帝在很多年的相处中不可能对所有问题都看法一致，正常的意见分歧即便是亲生母子也在所难免，这并不以亲生非亲生为依据。不过，如果从日常情理层面去理解他们母子关系，由于皇上清楚知道自己是领养的，也知道自己的家、国两个方面将要担负的责任，更知道他的这一切都皇太后给的，因而他对皇太后尊敬、敬畏、敬仰、佩服乃至感恩戴德，都是可以理解的，对于皇太后的交代乃至每一句话，皇上都会照单全收，认真执行，因而其性格或者说其生活习惯中慢慢养成了对皇太后的高度依赖，凡事总会以皇太后的意志为意志，并没有养成怎样的反叛精神。在这一点上，领养的光绪帝和亲生子同治帝，对于慈禧太后来说并没有本质差别，所谓视同己出，不过如此。

作为一国最尊贵的皇太后，慈禧太后即便没有任何人提醒，她也知道在同

清秋

治帝教育问题上的教训,所以当她领养了这个小皇帝之后,皇太后不可能在同一个问题上犯两次错误。为了培养这个孩子,慈禧太后请了全国最好的老师,对这个小皇帝进行最严格的道德品质教育、文化熏陶,慈禧太后内心深处绝对不能容忍小皇帝成为同治帝那样的纨绔,立志要将这个小皇帝培养成一代明君,守住大清万年基业。

光绪帝是慈禧太后的养子,是大清的未来主子,也是老太太下半生的全部希望和寄托,慈禧太后不愿继续娇惯这个孩子,从人之常情很容易理解,这是任何母亲的一种本能。而且,慈禧太后也没有非常自私地处理与这位未来国家主子的关系,她在小皇帝进宫不久,就开始刻意提拔这个小皇帝的亲生父亲醇亲王,到了1884年,因中法战争等一系列问题,用醇亲王取代恭亲王,成为军机处首席军机和总理各国事务衙门领班大臣,全权掌控大清国日常政务。直至1891年去世,醇亲王一直位于权力中枢,而此时光绪帝已亲政,权力过渡也没有什么波折,所以我们不必听信康有为等人在1898年后传播的故事,不要相信两宫之间不共戴天视若仇雠。

再度训政

光绪帝的童年教育应该说是清朝历代皇帝中最好的,他的知识素养也是这些皇帝中最棒的。到了1886年,十年苦读使小皇帝有了很大提升,一个优秀君主已经露出了迹象。这一年,51岁的慈禧太后找到光绪帝生身父亲醇亲王及军机大臣礼亲王世铎商量,争取让光绪帝早点亲政,当家作主。皇太后理由很简单,一是皇儿长大了,二是自己也想歇歇了,不想为大清王朝继续操劳了。51岁,在那个人过七十古来稀的年代确实不算小了,过过了权力瘾的人,且又有把握在未来掌控权力的人,不会对权力格外眷恋。皇太后的心情应该是真诚的。

这个世界是有趣的

慈禧太后的建议起初并没有获得相关各方认同,然而各种各样的劝说并没有改变皇太后的想法。几经周折,年轻的光绪帝终于在1887年开始亲政,慈禧太后在各方殷切要求下答应以后继续为小皇帝拿拿主意,不过帝国的日常事务处置权还是逐步向小皇帝转移。慈禧太后在这个事情上做的光明磊落,清廷的各种官方文件对此有着详尽记载,然而到了1898年秋天,或许因为六君子喋血菜市口,慈禧太后再度出院训政,各种传言开始出现,甚至怀疑皇太后先前撤帘归政并不真诚。这显然是不对的,因为假如皇太后不想让出权力,她可以有无数理由。

执掌大清国朝政已经30年之久,更重要的是作为一个青年丧夫的寡妇,慈禧太后先是辅助亲生儿子同治帝治理这个庞大帝国。亲生儿子不在了,又抱养了这个小皇帝,现在小皇帝终于可以亲政了,可以自己当家作主治理国家了,作为母亲,有什么可以去怀疑的呢?无论怎样眷恋权力的人都无法抵制岁月流逝,无法抵御生活诱惑。慈禧太后确实准备结束一个时代,确实准备颐养天年,过上几年轻松日子。这是人之常情。

然而,大清国的政治现实并没有满足慈禧太后的期待。光绪帝亲政不几年,甲午战争爆发了,维新运动开始了,为了大清整体利益,慈禧太后不得不再次出山,帮助儿皇帝料理国家大事。

如果仅仅从权力构成说,中国传统社会一直强调皇权至上、不可分割,皇权中心的一元化几乎是历代王朝不得不遵守的原则。晚清政局之所以出现帝后两宫共同专制的局面,完全是特殊条件所致。不过,如果我们以客观立场去观察慈禧太后在1894年后的作为,也应该承认,她对权力的使用相当克制,她并没有滥用自己的权力干预朝政,并没有越过皇上处理国家大事,她只是对皇上的决策保持最后否决权。这只是在替年轻皇帝把把关。所以,尽管经历了那么多的政治波折,大风大浪,我们从清代正史中从来没有读到皇上对皇太后的抱怨,皇上至死都是感激皇太后养育之恩和多年来的精心照料、耐心辅助。

清秋

一个原本温馨的感人故事

　　光绪帝身体不好是一个谁都知道的事实，他不仅自幼体弱多病，更重要的是作为皇上他没有完成而且永远无法完成大位传承，甚至无法对皇后对嫔妃履行一个丈夫应尽义务。这是男人无法说出口的尴尬，也是光绪帝后来性格稍有扭曲的一个重要原因。他的肾病由来已久，奇怪的是，他不仅肾功能有问题，而且在大婚前后开始长时期遗精，据他自己说到了1907年就有二十年历史。一个长期遗精的人当然不利于夫妇生活；一个没有夫妇生活的人，当然会对性格形成某种程度扭曲。这是现代心理学所证明的。长时期遗精和长时期肾病对皇上确实构成一个很大困扰，是他后来稍微有点抬不起头的重要原因。对于这样一个后辈，慈禧太后能够做的事情，除了安慰，除了劝勉，还能做什么呢？我们完全可以想象，慈禧太后只能从内心深处哀叹自己命太苦，为什么上帝或者说老天爷要把一切危难一切坏事都留给她呢？青年丧夫、中年丧子，也就罢了。为什么用几十年辛辛苦苦领养的这个儿子，这么听话，这么有出息，却又这样让他身体不好，让他无后，让他英年早逝呢？

　　光绪帝的病情大约从1898年秋天逐步恶化，好在他贵为天子，享受着帝国最好的医疗条件，经过宫廷御医、天下名医精心呵护治疗，光绪帝的肾病竟然在那个没有血液透析医疗条件下存活了10年之久。这本身就是一个奇迹。

　　谁也没有想到1908年秋，当政治改革到了最吃紧的关头，年仅38岁的光绪帝病倒了，而且一病不起一命呜呼。关于光绪帝的死因，清代正史和医学专家的意见大体都是正常死亡，是长期受到肺结核、肝脏、心脏、风湿等慢性疾病的侵扰，致使免疫力严重下降严重缺失，最终造成心肺功能衰竭，合并急性感染而死亡。

　　历史巧合之处在于，当光绪帝发病之前一段时间，73岁老太太慈禧皇太后也在生日庆典时因吃了一点不合适的东西拉肚子，闹了好长一段时间。拉肚子在很多时候不会置人于死地，这是对的。但拉肚子严重情况下也可以致人以死地，这也是医学常识。特别是对体弱的老人而言，更是如此。

问题的蹊跷之处还在于，皇太后的痢疾既然已经好长时间了，如果不发生光绪帝死亡事件，相信皇太后大概也不至于突然不治。光绪帝的死亡对73岁的皇太后打击太大了，生命垂危中的老太太越想越伤心，越想越觉得自己一生太命苦，所有希望均成泡影，所以她在这个养子英年早逝不到一天时间，也就一命呜呼。

这个解释来自清代官方正式文件和清宫档案，大意是说皇太后得知儿皇帝"大行"后，不禁悲从中来，不能自克，以致病势增剧，遂致死亡。这个解释合乎人道合乎人情合乎常理合乎历史合乎逻辑，唯一不合乎的是中国人最习惯最愿意接受的阴谋：一个并非亲生的儿子，怎么可能呢？

清廷的官方解释见诸《清实录》及一切官方文书，然而奇怪的是，这个解释不被大清王朝政治上的反对者所认同，流亡美国的康有为在光绪帝逝世第二天就致电美国总统，要求美国政府带头不要承认大清新皇帝，理由就是慈禧太后谋杀了他们那个英明的光绪帝。

康有为的说法当然没有根据，不要说当年没有互联网，即便是今天如此紧密的联系方式，谁有把握在事件发生第二天得出这样斩钉截铁的结论？康有为的说法并不被西方世界所相信，美国政府更不会根据这样的传言去抗议中国。

然而奇怪的是，时间过了一百年，康有为终于在现代中国找到了知音。那么多严肃的历史学家不去相信清宫档案，反而依据康有为以及当年那些笔记小说作者的指点，论证出光绪帝死于谋杀，死于剧毒。更荒诞的情节还在于，研究者进而推论：这个谋杀光绪帝的人不是别人，就是其养母慈禧太后。阴谋论至此终于坐实，慈禧太后好像被定在了历史耻辱柱上。其实，这本身就是一个笑话，并非历史。

中南海曾经是公园

智效民

2000年上半年,《北京档案资料》连续刊登一组《中南海史料》。这些史料告诉我们,早在南京国民政府成立之后,中南海就变成公园了。把皇帝禁苑与军阀官邸变成公园,是臣民社会向公民社会过渡的一个标志,对于当前的社会转型具有某种借鉴作用。

早在金、元时期,"太液秋波"就是"燕京八景"之一,当时太液池的位置就是现在的北海与中海一带。明成祖定都北京以后皇城南移,为了丰富皇城园林景观,又开挖南海,使太液池的范围进一步扩大。清朝建立后,几代皇帝都喜欢园林生活,于是他们在中南海兴建殿宇馆轩,作为避暑听政之所。相比之下,紫禁城则受到冷落。

辛亥革命后,中南海为袁世凯占用,成为中华民国的总统府。袁称帝时,以建立"新中华民国"为名,将中南海改为新华宫,并将原来的宝月楼改建成新华门。此后,中南海又相继成为黎元洪、曹锟的总统府和张作霖的大元帅府,它一直是平民百姓无缘涉足的禁地。

1928年北伐成功后,时任北平市公务局局长的华南圭致函北平市市长,要求对中南海予以保护。这件事引起国民政府的注意,经过一番努力,中南海董事会于当年12月15日准备召开成立大会。该董事会筹委会为邀请公务局派员出席，并在邀请函中表示：

> 中南两海系自远至清帝王苑囿之一部，其风景清嘉，宫室壮丽，为国内有名建筑。但其经费所出，无非我民众先代之脂膏，乃以供少数人之娱乐，实为我民众所不甘。民国成立以来，又为十数军阀所把持，藏垢纳污，罪恶丛集。今幸北伐告成，豪酋敛迹，而此历史上之园林不为民有，坐视荒废，殊为可惜。同人等谨遵先总理天下为公之意，佥以中南海应归市民直接管理，以绝罪恶之根株，以供游人之玩赏。因于本月十三日召集北平各届民众代表开一联席会议，设立中南海董事会筹备处，以筹备真正代表民意、直接管理中南海的董事会。当决议于本月十五日（星期六）午前十时在南海大礼堂开董事会正式成立大会。

与此同时，中央政治会议北平分会亦函请北平特别市政府、平津卫戍部司令部、北平警备司令部和宪兵司令部，共同成立"接收中南海办事处"，并准备让中南海"依中山、北海公园成例，从速正式开放"。随后，有关方面还希望"中南海为北平市民共同游憩之公园，永远开放，不收门费。"1929年4月，中南海董事会推举熊希龄为主席委员，李光汉为事务主任。不久，北平市政府也成立"整理中南海公园临时委员会"，负责中南海的有关事宜。至此，中南海向市民正式开放。

抗日战争中，中南海虽然还是公园，但许多殿堂被日伪机关侵占。据1938年《中南海公园事务报告书》反映，进驻中南海的有"中华民国临时政府"（占据居仁堂）、"中华民国政府联合委员会"（占据勤政殿）、"临时政府侍卫处"（占据时应宫和喜福堂）、"司法委员会"（占据丰泽园）、"中国大辞典编纂处"（占据锡福堂）、"国立医学分院"（占据运料门迤北）、

清秋

"最高法院检察处"（占据丰泽园）、"满州帝国通商代表部"（占据静谷）、"新民会新民青年实施委员会"（占据春耦斋）、"教育部直辖编审会"（占据怀仁堂）等机构。后来，上述一些机构搬出中南海，但又进来更多单位。于是，中南海被搞得杂乱无章。

为写这篇短文，我在网上看到以下资料：1949年中华人民共和国成立前夕，中共中央决定进驻中南海。周恩来请毛泽东快点搬入。当时毛泽东不愿意搬进去，他对周恩来说："我不搬，我不做皇帝。"与此同时，周恩来也对维修中南海的工人们说："中南海自古人民建，人民修，但人民却没有享受到它的美丽。这次修成后，我们要请人民代表来这里做客观光，今后还要逐步让中南海成为人民游乐的场所。"

重建塑像或重塑精神

许小年

2011年1月11日,一座总高为9.5米的孔子青铜雕像在国家博物馆北广场落成,天安门地区又添文化新地标。

看到这条消息后,笔者发了条微博:"孔子被批60年,这铜像算是'平反昭雪'么?看来仅有GDP还是不行,一个民族要有精神和思想的认同,否则就会散掉。但认同谁呢?马克思还是孔子?"改革开放30多年后,华夏民族碰上了前所未有的认同危机。

中国的渐进式改革意味着在不触动基本的社会和政治结构的前提下,在经济层面上迅速推进市场化的改革,政府作为现有规则的执行者和现有秩序的维护者,发挥着较其他转型国家政府更多的职能。然而强势政府如同双刃剑,一方面保证了社会和经济秩序的稳定,使中国免受前苏联、东欧国家经济转型之苦;另一方面,由于缺少制约,政府越来越多地参与和干预经济活动,逐渐转变成为带有自身利益诉求的规则执行者,也就是通常所讲的亲自下场踢球的裁判。

这样的裁判对社会公平的破坏是显而易见的:机会严重不均,贪污腐败盛行,收入两极分化。过去两千年中困扰中国社会的痼疾再次显现,人们自然想到用同样悠久的儒家学说去应对。

清秋

与经济的繁荣形成鲜明对照的是思想的贫乏，生于"礼崩乐坏"时代的孔夫子勉为其难，再次披挂上阵。

孔子会发现，这一次赋予他的使命几乎是无法完成的，他要为现代人找到新的核心价值观，并为他们的精神寻求新的寄托。核心价值观是现代社会秩序和游戏规则的伦理基础，社会精神则要满足现代人对人生意义的探求。毕竟小康生活只是延续生命的手段，对于亘古不变的问题——人为什么活着，温饱加深而不是缓解了精神上的焦虑。

孔子会发现，他所建立的儒家学说和现代的普世价值观既有相容也有冲突之处。孔子主张"仁者爱人"，孟子讲"民贵君轻"，与尊重个人权利的现代观念不无呼应，"己所不欲，勿施于人"也不失为朴素的理性主义。但在如何达成"仁"上，孔子把全部希望寄托在人特别是社会精英如君主和君子的自觉上。欲使"仁"成为他们的自觉，儒学就要成为他们的信仰。

现代社会却是多元的，既有利益的多元，也有信仰的多元，帝王不可能再"独尊儒术"，教皇也不能以基督的名义号令天下。在现代社会中，信仰是个人的私事，必须允许不同的信仰和平共存，允许儒、佛、道、基督、伊斯兰等宗教以及无神论的和平共存。要想在多重信仰的环境中建立一致认同的游戏规则，现代社会需要跨出重要的、也是儒家从未思考过的一步——私域和公域的分离，或者信仰和社会核心价值观的分离。

信仰将被当作个人事务，完全留在私域中，公域中的机构特别是政府并不干涉私域中的活动，这就是宪法所保证的公民信仰自由。公域的构建则需要从不同的信仰中，抽取共同的交集，作为社会的核心价值观，得到全体社会成员自觉和自愿的认同。用中国人的话讲，构建公域的原则就是"求同存异"。

现代社会的核心价值观以个人为中心，主张每个人拥有同样的权利，每个人是他自己的主人，任何人不得也不可能以任何名义决定他人的命运。儒家在个人权利上没有也不可能像现代人这样彻底，例如"小人"的权利就与君子的不同，妇女的权利就和男人的相异。

崇尚个人权利不会形成隔绝、分散的"个人孤岛"，市场经济消除了个人之间的冷漠。在为他人生产的市场经济中，企业要想卖掉自己的产品赚钱，必先满足他人的需求，利己必先利他。市场假借人的利己之心为社会服务，这是斯密的伟大发现。孔子讲"克己复礼"，市场经济中的个人不必克己，克己是不自然的，依靠克己维持的社会秩序因此是非常脆弱的。

在现代社会中，个人私欲的膨胀从外部受到法律的制约。为了保护每个人的权利，全体社会成员同意建立一组游戏规则——法律，协调个人的活动，裁决个人之间的利益冲突。法律是众多平等的个人签订的契约，而不是君王规范臣民行为的律令。法律具有强制力，而儒家一味宣扬的道德只具精神的感召力。人是奇特的动物，"一半为天使，一半为野兽"，驯服野兽靠皮鞭——强制执行的法律，而儒家的失算就在"人之初，性本善"的假设上。

回顾历史，孔子会发现，传统其实并不在他一边。虽说汉武帝废黜百家，独尊儒术，祭上神坛的是董仲舒修改过的儒学，而不是孔子和孟子为代表的早期儒家。董仲舒抽掉了民权，保留了秩序，儒学就此变为君王的统治术。对此汉宣帝讲得再清楚不过，"汉家自有制度，本以王霸道杂之"。王道就是讲仁义道德的儒家，霸道就是讲强权政治的法家。在寻找现代社会认同时，人们应特别关注早期儒家，即孔孟的、没有被阉割的儒家。

从早期儒家的民贵君轻思想到现代的权利与自由，其间有着太多的断裂链条，一一拾缀补齐，起码需要几代人的努力。

重竖一尊铜像容易，重塑民族精神难。

孔子带着他一贯的宽厚笑容，正注视着现代人在他的伟大遗产上痛苦地挣扎。

清秋

信仰的价值

星云大师

很高兴今天有这个因缘，得以参加这场对引领世界经济潮流具有举足轻重影响力的"夏季达沃斯经济论坛"，并在这么多专家学者、社会精英及各界领导人聚集一堂的场合里，为各位主讲信仰的力量。

近几年来由于金融海啸，欧债危机席卷全球，造成世界性的经济风暴，急剧加重经济全球化过程中固有的各种矛盾，使得原已存在的贫富不均、失业率偏高等社会问题更显严重。

值此全球经济遭逢重重困境之季，此刻我们最急需建立的，就是一份提振信心与力量的信仰，因为信仰具有普世的价值，有信仰就要信心，有信仰就要力量；久远以来人类就是对一些善美的价值有信心，因此可以改善生活，可以发展未来，可以增加福祉。

信仰能使生活美化，一个有信仰的人，他的内心是充实的，眼中看到的世界充满祥和；反之，没有信仰的人，他的心灵找不到皈依处，他的人生是空虚的。他感到的世界是贫乏的，所以有信仰的人生才是美满。

人生必须建立的信仰很多，比如我们对国家的前途、对人类的未来、对社会的争议、对宗教的超越，都要生起信心；我们对造福人类的思想、学说、真理等，也要服膺、信赖。甚至对于能成为人间模范的圣贤好事，我们不但要信仰他，而且要心存恭敬。

信仰能净化我们的身心，可以增进我们的道德，可以升华我们的人格，可以作为我们生活的指标，我们对好人好事，对道德、因果，对慈悲、情义，对父母、朋友，以及家庭社会，乃至对自己都能产生信仰，并且具足信心，彼此的关系就会和谐。

现在举世的专家学者都在研究经济，如果我们对经济有信心，对自己的心灵宝藏有信心，那么从自心本性里开发出来的慈悲、智慧、道德、平安、欢喜、自在、感恩、信心等，都将成为享用不尽的能源，这些都像永恒的太阳，又像流不尽的水源，可以助长我们人生不断升华、扩大，让我们获得永无止境的幸福与安乐。

下面我就以"心中的宝藏值多少"、"享有世间值多少"、"结缘回向有多少"、"和谐禅悦共多少"来说明信仰的价值。

心中宝藏值多少

如前所说我们每个人内心都有无限的宝藏，如慈悲的能量、智慧的能源、生命的能力，自我的信仰等，慈悲、智慧是人生最大的美德与财富，一个人只要有慈悲、有智慧，生命就会变得充实而富有，内心就会感到欢喜和自在，所以心中的宝藏，比世界上有形的财富更为重要。

遗憾的是，一般人往往不懂得开采心中的宝藏，整日里只把这颗宝贵的心，用来"关心"自己的前途、命运、金钱，比较少去重视心灵的净化，其实，人心、命运、金钱，是互为因果关系的，心好命就好，命好钱就多，中国的古哲也教导说"大德必得其命，必得其禄"，因此人生的财富要向内求。

人生的价值也不能只有向"钱"看齐，金钱以外，我们内心的满足，身体的健康，心胸的宽大，前途的美好、生活的幸福、眷属的和谐、智慧的灵巧，这些都是无价的财富，只要为我们的心灵净化，这些内财自然具备。

净化之外，同时也要懂得发心。我们的心如田、如地，世间的土地经过开发，就可以建筑，就能利用；世间的土地经过耕耘就能播种，就有收成。同样，我们只要懂得开发心田，内心的宝藏就能一一出土，心里的能源就能一一流出。

记得数十年前，世界发生空前的能源危机，举世惶惶不可终日，各国纷纷派遣专家纷纷上山下海，到处探勘，寻找能源。然而外在的能源即使再丰富，终究有告罄的一天，唯有我们内心的能源是无穷无尽的。

我们心田里最大的能源就是信心。所谓"信心门中有无尽的宝藏"，信心门里的宝藏要靠我们用信仰的手去取，信仰如手、如杖、如根、如船、如力、如财，信仰是人生最大的能源，信仰能使前途有望，能使烦恼解脱，能使身心安住，能使生命有靠，有信仰就有取之不尽的宝藏，有信心就有取之不尽的能源。

因此，世间的能源处处求，最终还是应该反求诸己，只要我们对自己有信心，只要我们把心中的慈悲、智慧、精进、忍耐、惭愧、感恩、惜福、结缘等能量挥发出来，我们每个人都是开采能源的专家，我们的人生就会因此更加地富有与踏实。

享有世间知多少

在经济学上有一条千古不易的致富秘诀就是"开源节流"；能够广开财源，生财致富，这是人人所希望的，因为人在世间生活，离不开金钱财富。

世间的财富有狭义的、广义的，有有价值的、无价值的；有有形的、无形的；有外在的、内在的；有自我的、公众的；有一时的、永恒的；有清净的、污染的。只要用正当的方法取得，合乎"正业"、"正命"的净财，乃至智慧法财，都是多多益善。

世间的财富不一定全然为我们所拥有，如果懂得享有，其实比拥有更富足，懂得以现有代替拥有，就是精神上的富有。

在大自然里，我们可以享有的财富很多，例如太阳普照大地，带给我们温暖、光明，每个人都可以在太阳底下取暖，享受照明，太阳是大众共有的。再如空气普供大家呼吸、雨水普供一切的众生，他们都是无私地分享给人类，我们同样可以享有。乃至月亮、星辰、山川、河海、花草、树木等，他们的养分、功用，也都尽情提供给人类享用。

除了大自然提供的共有财富以外，社会上士农工商的供应，乃至家人给予的姻缘，我们在享有之余也应该心存感恩，而且要知足，更要分享。

在中国大陆的江苏省江阴县，有一位吴仁宝先生，他把华西村建设成为"天下第一村"。为什么能成为"天下第一村"，原因是吴仁宝先生发财之后不是个人独享，而是分享给邻居社区，乃至整个村庄，尽量让财富为大家所共有，让大家分享，所以现在"天下第一村"已成为观光景点，很多来自世界各地的旅客，争相到中国来观看这个"天下第一村"。可见得财富分享不是自己减少了什么，反而拥有了更多。

财富能与人分享，首先就是不能有自私的心，要"以众为我"。像现在很多企业家，都懂得如果没有员工，就无法创造财富，所以他们把利益分享员工，有的以公司盈余发放年终奖金，有的公司甚至让员工持股，员工自然以公司为家，发奋工作，努力经营，如此自能提高效率，创造利润，彼此共享，甚至分享社会大众。

结缘回向有多少

一个国家,经济繁荣的地方,文化、道德一定提升;贫穷就会衍生许多罪恶。世界上经济萧条的国家,人们所得偏低,国家太穷,固然是社会制度的不好,过分的贫富不均也是社会制度有了问题,所以经济的价值,不在于自己拥有,要均平共享,要懂得结缘布施。

布施结缘是人间最美好的事,所谓"未曾得道,先结人缘",人在世间生活,要靠许多姻缘才能得以生存,所以平时要与人广结善缘。

结缘之道,首在布施。懂得布施,就是具有"物我一如,同体共生"的宏观,舍得把我的财物与人共享,就是得到广结善缘的好处,因为布施表面是"给",其实是"得",懂得"给人,就是给己",就是最有智慧的富人。

布施结缘如同深井汲水,你愈是懂得提起桶水给人灌溉,给人饮用,井里的水就愈是源源不断。所以人生不能只看到黄金白银,比黄金白银更宝贵的还有布施的温暖、结缘的感动;人生也不能光是看到别人的拥有,自己要懂得结缘,要做自己的贵人。

布施也不是有钱人的专利,布施贵在一份发心,有事虽然只是少少的一点东西,只要"诚心回向",所谓"回小向大,回少向多,回事向理,回因向果",结果会有不可思议的功德。

回向就是"给人","给人"才能发挥经济的价值。我在佛光山推行"四给",就是要"给人信心,给人欢喜,给人希望,给人方便",这已经成为我们团队的信条。甚至我们的僧团里,一向奉行"利和同均"的制度,也就是对于施主的财施供养,不可私自独享,要交由常住集中处理,要成为大众所共有;透过经济上的均衡分配,大众才能过着"经济平衡、利和同均"的经济生活。所以在佛光山,个人不要有钱,点滴归公,要让团体有钱,才能有所发展。

这个世界是有趣的

"利和同均"的思想运用在社会上，让有钱的人帮助穷困的人，有力量的人帮助弱小的人，如此在没有经济的垄断、劳资的对立、贫富的悬殊等社会问题下，人人得其所应得，自然可以建立一个民有、民享，而且平均富足的社会。

和谐禅悦共多少

中国春秋时代的名相管仲说："仓廪实，知礼节，衣食足，知荣辱。"一个国家唯有经济繁荣，才能建设"富而好礼"的社会。

然而我们眼看着当代的社会，举世人类由于过度追求物质享受，反而"人为物役"，无法得到物质生活带来的快乐。例如在全世界都流行使用"信用卡"，购物也"分期付款"，结果大家每天为了还卡债，为了分期付款，忙忙碌碌的生活，哪里有快乐可言？

现在的家庭为了衣食住行，每天在柴米油盐中汲汲营求，可以说不是忙得不亦乐乎，而是忙得自己都不认识自己了。因此，人类要想求得一份快乐，必须从物质的束缚中解脱出来，因为世间的物质有限，而人的欲望无穷。因此我们不能只是追求感官上欲乐，要从淡泊物欲中体会精神心灵上的安然自在；要从信仰的修行上，感受禅悦法喜。甚至不但追求个人的心灵富乐，还要怀抱"先天下之忧而忧，后先下之了而乐"的胸怀，为举世人类创造和平安乐的生活。

我们在世间上做人，有各等的层次，就以生活来说，也有不同的层级。我想生活的最高境界，就是"物质的生活要淡泊，精神生活要升华，艺术生活要丰富，信仰的生活要提升"。

当我们能从世俗的物欲中摆脱出来，能在信仰里找到安身立命之处，从而获得平安祥和的禅悦法喜，自然人人"自心和悦"，推及开来，必然家庭和顺、人我和敬、社会和谐、世界和平。

以上五和是人间社会所追求的五种理想境界，人间唯有和谐，才能创造财富；有了财富，还要去促进社会的和谐。有了和谐，一切就会更具意义，更有价值。我们知道中国政府一直在大力推行和谐社会，我认为这确实是建设"富而好礼"的人间社会的不二法门。

冬 雨

最差的世界

傅佩荣

莱布尼兹认为：这个世界是所有可能的世界中，最好的世界。叔本华对此大唱反调，宣称这是个最差的世界。他为何这么悲观呢？

叔本华自称"愤世嫉俗者"、"藐视人类者"；他在大学教书，但没有人在乎他，能与他相处的只有一条忠实的卷毛狗。他的学说独树一帜。他对此充满自信，他宣称："时候将会来到，有一天谁要是不知道我对某些事物的看法，就会显得愚昧无知。"

他认为："人就像寒冬里的刺猬，互相靠得太近，会觉得刺痛；彼此离得太远，又会感觉寒冷；人必须保持适当的距离。"

人生是很可怜的。"通常所见，快乐常不是我们所希望的快乐，而痛苦则远远超过我们所预计的痛苦。"就算一个人成功了，也别高兴，因为"财富就像海水，饮得越多，渴得越厉害；名声实际上也是如此。"简单说出其中的道理，就是："人生如钟摆，来回摆荡于痛苦与无聊之间。"

　　欲望未能满足，人觉得痛苦；欲望一旦满足，人又觉得无聊。人的本质即是意志，永远在发出"我要"的欲望。

认识"缘"的妙趣

依空法师

佛教和其他宗教乃至哲学思想,最大的不同,是佛教主张世间的一切是因缘所成。不管是不是佛教的信仰者,人一生下来便和"缘"有密不可解的关联,我们和父母、兄弟、姐妹、乃至子女之间是血浓于水的"血缘"关系。有时在报纸上会看到这样的报导:愤怒的父亲宣布废除与不肖儿子的父子关系,事实上血脉基因是剪不断、理还乱,牵绊一世无法割除的。中国五伦始于夫妻,夫妻之间最亲密,也最疏远,当双方感情破裂,无法共同生活时,数十年的夫妻也可能形同路人,因此夫妻之道要好好经营,善加呵护,而血缘关系则是永远无法抛离的至亲。

除了血缘之外,因为秦晋婚盟的"姻缘",把两个家族透过婚姻结合在一起,中国人最讲究九等亲,是姻缘关系的网状扩充。另外,同一乡梓、邻里谛结的同宗会、同乡会、同学会等,则是"地缘"的认同。不管血缘、姻缘、地缘,在佛教看来都是有缘。缘,是条件、关系的意思,譬如国家之间要有邦交谛盟,企业团体要有公关往来,人与人之间要有良好的人际交流,这都是属于"有缘",彼此有一定密切的关系。而更高的境界则是纵然"无缘"也能同理心对待,民胞物与,同体共生,达到佛教的理想:"无缘大慈,同体大悲"，彼此虽然没有特殊的因缘，甚至形体不同的异类，都能平等尊重对方的生命。

平常说的因果关系，其实不能少却缘。譬如种子是因，土壤、水分、阳光、空气、灌溉等则是缘，有因有缘，把种子播种在田里，有充分的灌溉照顾，才能长出丰硕果实。有因无缘，把种子冰冻起来，则不能开花结果。相同的因，不同的缘，结果也会千差万别。同样的稻种，分别种在水田和旱田之中，收成迥然有别。因是直接原因，是内在因素；缘是间接原因，是外在条件。缘，能影响一个人的成败，因此孟母要三迁，人要接受良好的教育，选择良好的境缘成办事业。中国人喜谈命运，命如因，运即缘，缘可以创造，运可以改变，没有不能转变的宿命、天命。如此奥妙的因缘法，我们应该如何去认知因缘的道理？

一、感谢因缘

我们日常生活的衣食住行，都需要仰赖社会士农工商提供，供应我们粮食、衣服、住屋、车舆，每日要心存感激。早晨睁开眼睛，要感谢大自然给予我们清新的空气、灿烂的阳光、洁净的流水、丰厚的大地，滋养我们的色身肉躯。感恩父母出入护我、推干就湿，孕育我们的生命，拉拔我们长大成人。感念世间的老师启我童蒙，增加我们知识，出世间善知识解我迷惑，长养我的智慧。佛经说要上报四重恩：父母恩、师长恩、众生恩、国家恩。覆巢之下无完卵，有了国家的庇佑，才能遨游世界，顶天立地。懂得报答四重恩，就能珍惜因缘的可贵。

对于顺境固然要心怀欣悦，感恩不忘，遭遇逆境、挫折、苦难时，也要心存感激。因为逆水才能行舟，浴火可化凤凰，卑湿的淤泥才能长出清净的莲花，虚空不能栽种农作物，粪壤土堆才能培植出甜美的果实。禅门诗偈说："逆境来时顺境因，人情疏处道情亲。"逆境很可能是迈向成功的逆增上缘，孟子说："生于忧患，死于安乐"就是这个道理的呈现。一个能够心存感恩的人，必然能够知足、恬淡、惜福，心中没有匮乏，不忮不求，享有真正的富裕人生。

二、远离恶缘

"月有阴晴圆缺，人有旦夕祸福"，人生不能预料的变量潜伏在身边，因此要有预防措施，不要轻易地把自己推向罪恶、恐怖的渊薮，常怀"如临深渊，如履薄冰"的警觉，佛教说的"不怕无明起，只怕觉知迟"，不要以身试法，陷自己于万劫不复的境地。譬如出门旅行的人要避开传染病的区域，才不会罹患疾病。不要经常深夜闲荡，暗路走多了会遇到危险，甚至招致魑魅魍魉的侵害。出入声色犬马的风月场所、凶残斗狠的酒楼赌场，不仅破财，还可能赔上身家性命。有人因为登山、游泳、滑雪、赛车，逞强傲才，断送了宝贵的生命。俗话说："打死会拳的，淹死会水的。"人生并不是不能冒险，但是要有缜密的规划，戒慎恐惧，把可能的伤害降到最低，不要明知前方有恶缘，偏做无意义的冒进。

佛经有一则剑上涂蜜的譬喻，短视愚昧的人贪图剑上一时的甜头，而忘却刀刃的锋利，付出永远宝贵的舌头。世间上嗜好毒品的瘾君子，见财起贪婪之念抢劫偷盗的肖小之辈，乃至窃取国家机构公款的贪官污吏，都是不知远离诱惑，自取毁灭的愚痴之人。佛教说："菩萨畏因，众生畏果。"有智慧的人能防患未然，卓见如是不当恶因行为，必将招至苦果。愚痴人则不到黄河心不死，存侥幸心理，能贪则贪，胡作非为，最后落得千金难买早知道的下场，后悔莫及。

什么方法可以远离恶缘？奉公守法、受持五戒可以远离邪恶。国民基本的责任要遵守国家的法令，不触犯法律、规矩。佛教的五戒：不杀生、不偷盗、不妄语、不邪淫、不饮酒，则指导人们从心的源头自发自律，约束身心不去作奸犯科。五戒不是佛教的专利，任何人都不可以去杀害别人生命，窃取他人财物、伪证、毁谤、诈欺、搞婚外情、吸毒酗酒等等。有没有受持这五戒，凡是触犯的人都有罪过，因此五戒又称为性戒，属于本性中应该确实遵循的规范。星云大师则提倡奉守七诫：不暴力、不恶口、不酗酒、不吸毒、不赌博、不偷盗、不邪淫，人人能做到七诫，必定身心健康、家庭和乐、社会祥和。戒律规矩不是束缚、枷锁，而是自由、秩序、保护，因为车子必须在轨道行走，才不会出轨发生车祸，城堡多了一层的护城河，更能固若金汤。

三、扭转逆缘

常听人慨叹遇人不淑、怀才不遇，或说家有恶妻，遭损友陷害。遇到困境逆缘，要能转境。《六祖坛经》说："心迷法华转，心悟转法华。"以迷惑心来对待世界，清明也变成混沌；以觉悟心来观照人间，必能转昏蒙为澄净。唐诗说："山重水复疑无路，柳暗花明又一村。""行到水穷处，坐看云起时。"人生走到山穷水尽时，一个转身，海阔天空，又是一片朗朗的天地。当环境不能改变的时候，要运用智慧来转变心境，所谓"心能转境，不随境转。"随境而转，钻入死胡同、牛角尖，空间愈狭窄，必然窒息而死，因此遇到逆缘，要能转，不可钻。

唯识宗最理想的境界就是转识成智，转八识为四智：转前五识(眼、耳、鼻、舌、身)为成所作智，前五识各司其职，发挥各自的功能；转第六识（意）为妙观察智，意识要正确认知事物；转第七识（末那识）为平等性智，对于世间的善恶、美丑、贫富、贵贱、高下，不起妄念分别；转第八识(阿赖耶识)为大圆镜智，诸识清净，圆满生命。简单的说，转识成智就是把不好之念，转化成美善之举。譬如转小为大，把狭隘的心眼转成宽大的心量；转贪为舍，把贪婪的习性转为喜舍结缘；转瞋为悲，把暴戾的乖行转成慈悲的懿举；转痴为智，把愚痴的心性转成圆融智慧；转私为公，培养公德心，少一些私心私欲；转自为他，凡事多为别人着想，民胞物与，自他无二；转忧为喜，走出忧郁阴霾，保持乐观开朗的心境；转迷为悟，转迷惑烦恼为智慧觉性。

如何消除逆缘，就在一念之转。有一则发人深省的故事：一位老婆婆生有两女，大女儿嫁卖雨伞，二女儿嫁卖米粉。雨天为二女儿哭，阴雨天不能晒米粉，生计有困难；大晴天为大女儿哭，丽日高悬谁来买雨伞，天天哭，得了个哭婆称号。后经禅师点拨，转念一想，不管阴雨晴和，二位女儿都能生意兴隆，从哭婆变成了笑婆。环境不变，只是心念转念，天堂地狱就有差别。对别人加诸我们身上的逆缘，转个念头，怜他悯他，以慈悲观宽恕对方，如父母原谅犯过失的子女；以因缘观回应彼等，一报还一报，欠债还钱，心中便能释然；以性空观观照事因，如人以污水泼洒天空，丝毫不能伤害。

四、广结善缘

世间最美好的事情莫过于结缘，"未成佛道，先结人缘。"广结善缘就是建立广阔的、良好的人际关系。要如何结缘呢？在时间上要结此生缘、他生缘、三生缘，这一生有缘相遇，和睦相亲，生生世世都是有缘人。《江西修水县志》记载：宋大诗人黄庭坚前世为持斋学佛的女子，和他的母亲结了三世缘。唐代文人李源和圆泽禅师也是三生石上的同参好友,两人邀约同游西湖,遇一大腹便便的浣纱妇人,等着圆泽去投胎,当夜禅师便圆寂了。十二年后的中秋夜,李源如期至杭州天竺寺赴约,只见葛洪川畔有一牧童吹笛唱道:"三生石上旧精魂,赏月吟风不要论。惭愧情人远相访,此身虽异性常存。"圆泽化身牧童,来会前世挚友。

在空间上要结此方缘、他方缘、十方缘,不仅和自己的乡亲结缘,还要扩而大之,和十方大众往来,打破族群地域的狭隘观念。佛门有一笑谈:有位悭吝的富翁做七十大寿,请法师诵经祈福,并且讨价还价佛事的钱多少。佛法无价,法师只好随顺他,唱诵经文祝寿前,照例先礼请十方诸佛菩萨来加持庇佑。只听法师喃喃三称:"南无远方菩萨摩诃萨!"富翁眉头一皱:"你怎么专请远方的菩萨,不请近一点的呢?""因为远方的菩萨还不知道你做人为富不仁、悭吝成性,还勉强请得动!"这位富翁尚未结此方缘,更遑论十方缘了。

在人间上,要结人缘、众生缘、佛缘,得人缘者多助,结佛缘才能得度,结众生缘长养慈悲心,扩充生命。结缘的方法很多,可以财布施,以物质钱财去济贫救苦,从事慈善公益工作。可以用语言六根来结缘,赞美鼓励的音声、柔和慈祥的微笑,都是上好的供养。可以法布施,以技艺学问来帮助别人,以佛法道理来解人迷津。出钱、出力、出一分心,都可以广结善缘。

五、不变随缘

好比黄金可以打造成戒指、手镯、项链等各种装饰品,不管金器的形状如何随缘变化,但是黄金的本质是不变的。水盛放在花瓶中、碗盘里、缸瓮内,随物赋形,样子形形色色,各不相同,但是水的性质是不变的。人生在世,职

这个世界是有趣的

务的转换,角色的更迭,忽为主管,众星拱月,忽为属下,受制于人。甚至境遇的富贵荣泰、困厄退失,可能有种种差异,可以随缘淡然处之,但是做人的原则、立场、根本,却不可随波逐流,换了位置换了脑袋,禁不起名闻利养的诱惑,受不住威权暴力的恫吓,泯灭了良知,失去风格坚持。面对境界,有时要随缘融合,有时则要择善不变。

活在因缘中的我们,有时潇洒随顺因缘,随分的等待因缘,有时则要积极的创造因缘、培植因缘。世间没有既定的命运,缘,具有无限的可能性,如何掌握好因、善缘,转化恶缘、逆缘,端看自己的正确认知与实践。

冬雨

彼得堡印象

止 庵

提到彼得堡，我的印象的确很深——其实我从未去过那里，都是从诗歌和小说里看来的，而且多半还是20年前看的。

首先是普希金，他的《青铜骑士》最早为我勾勒出那座城市的轮廓——一片雄伟、恢宏的建筑：

> 我爱你，彼得兴建的大城，
> 我爱你严肃整齐的面容，
> 涅瓦河的水流多么庄严，
> 大理石铺在它的两岸；
> 我爱你铁栏杆的花纹，
> 你的幽静而悒郁的夜晚；
> ……

正如别林斯基所说："全诗的真正主人公是彼得堡。"（《亚历山大·普希金的作品》）对我来说，这些诗行构成了将要发生的一切的背景——此后作家们写过许多有关彼得堡的作品：果戈理的《彼得堡故事》热闹极了，简直

这个世界是有趣的

匪夷所思；屠格涅夫的《春潮》和《处女地》，托尔斯泰的《安娜·卡列宁娜》，主要情节也都在此展开；还有别雷那全景式的巨著《彼得堡》——尽管这书到手稍嫌晚了。然而相比之下，要数陀思妥耶夫斯基笔下的彼得堡最令人难忘。

陀思妥耶夫斯基的《白夜》仿佛是接续普希金那句"你的幽静而悒郁的夜晚"往下写的——在《青铜骑士》里，诗人的目光转向了室内（"我独自坐在书房里/不用点灯，写作或读书"）；而陀氏的主人公，却在涅瓦河畔整夜徘徊。"那是一个奇妙的夜晚，亲爱的读者，只有当我们年轻的时候，才能有这样的夜晚。"他遇到了，最终又失去了自己爱恋的人。"我的上帝！那是足足一分钟的欣悦啊！这难道还不够一个人受用整整一辈子吗？……"《白夜》里的彼得堡，充满了抒情气氛和近乎绝望的感伤——它是如此浓郁、纯粹，只怕别处难得一见。

然而无论陀思妥耶夫斯基，还是彼得堡，这种情调仅仅是为了抗衡笼罩其上的沉重、凶险的氛围而存在。在此前的《双重人格》、《女房东》和此后的《被欺凌与被侮辱的》、《罪与罚》和《白痴》里，彼得堡是阴暗的，狂乱的，是阳光与理性不曾降临之地；所有纯洁之物——可怜的愿望，艰辛的人生，真挚的心灵，等等——显得特别脆弱，也就更弥足珍贵。作家留心的是"破旧公寓的顶楼和阴暗潮湿的地下室里的人们的生活"，他们爱着，恨着，幻想，疯狂；孤独无告，而又相依为命；铤而走险，而又无法承受随之而来的命运。记得《被欺凌与被侮辱的》开头写了一个老人，领着一条老狗；忽然狗死了，随即老人也死了。一提到彼得堡，我便想起这个情节——对我来说，这座城市更像是人生的象征，像是整个人类生存状态的缩影。

陀思妥耶夫斯基写处女作《穷人》时，自己就是彼得堡的一个走投无路的"穷人"；涅克拉索夫和别林斯基发现了他，视之为俄罗斯的伟大灵魂。以后他成为反农奴制的秘密团体彼特拉舍夫斯基小组的一员，并因此被捕，判处

冬雨

死刑，又改为流放。类似的革命者经历，在这座城市不足为奇。许多著名人物与事件都与彼得堡有关：十二月党人，民粹主义者，刺杀沙皇，1905年的革命，等等。可以借用勃洛克一篇文章的题目，把这一切概括为"知识分子与革命"。俄罗斯知识分子投身革命，从来就不计后果——无论关乎自己、民族、国家还是全世界。安德列耶夫的《七个绞刑犯的故事》，背景也是彼得堡。这是一座无法宁静，危机密布的城市，烈士四下奔走，动辄血流成河。出没其间的这些奋不顾身的人与庄严肃穆的建筑物，好像有着难以协调之处。也许在感伤的情调与阴暗的氛围之外，还要加上一种激越、暴烈的精神，才能算是完整的彼得堡罢。

我从文学作品中得来的彼得堡印象，截止于十月革命——冬宫被攻陷后，革命者和被革命者似乎联手更换了舞台；剩下一座空城，退隐至历史的深处。或许别雷说的有道理："可要是彼得堡不是首都，那——也就没有彼得堡，那样，它的存在也就大可怀疑了。"彼得堡改名为列宁格勒，它的情调，氛围和精神仿佛随之消散。虽然偶尔也以别种精神吸引过我——肖斯塔科维奇雄浑深沉的《第七交响乐》和阿赫玛托娃未免草率粗糙的《勇敢》、《起誓》等，宣告那曾经是座英雄城市。

以后我去过不少地方，又读到别的国家不少的诗和小说，这才发现当年是把彼得堡作为自己暗淡生活的某种对照了；以为身边所缺乏的，在彼得堡会有，而且只有彼得堡才有。我承认这座想象中的遥远城市曾经抚慰过我，启示过我，甚至激励过我。随着眼界逐渐开阔，彼得堡安稳地落到大地之上——就像普希金所描写的那样。现在提到这个名字，与其说使人向往，不如说令人难忘。

我所理解的生活

韩　寒

多天前参加比赛，来了一个久未见面的朋友。他现在的工作是在给明星做经纪。整个周末他就在我们车队的帐篷里。周日分别，他对我说，其实我的自我开发做的并不好，形象管理有问题，如果有职业的经纪人可以打理一下，必然远不是今天的模样。这样，回去给你一个总结的邮件。

刚才他打来了电话，说你问题太多，邮件说不清楚，比如你在比赛那天一直双反你知道么？我当时就晕了，我只知道双规和单反，双反我真不知道。弄半天才明白，所谓双反，原来是衣服穿反了，而且内外和前后都反了。我说我出门太急，真没注意，也没人提醒我，难怪一整天觉得脖子有点勒。

朋友说这个问题不大，你本来就粗心，但是容易被人取笑，但要命的是，你在车队帐篷的沙发上乱睡觉，你睡觉的时候总共有12个人来拍过你的睡姿，5个是挂记者证的，4个是车队成员，3个是其他车手，其中有两个是故意拍丑态大头照的。我查了一下，其中5个人发微博了。有一张照片很难看，影响形象，你身边也没人拦着人家拍照，这在我们这行里是绝对不允许的。我说这我也没办法，熬夜看欧洲杯，的确睡眠不够，你教我怎么才能睡的玉树临风？

朋友继续教育我，面部表情是其次，关键是你团着身子睡，手还一直塞在你自己的裆部，这个猥琐的动作绝对是破坏形象的，照片如果上传，有些网友

冬雨

看见了容易反感。我说我又没把手塞在那些网友的裆部，我碰了自己的鸟，关他们鸟事。反感就拉倒呗。朋友说不是这样的，你是一个公众人物，现在又是微博的时代，谁都能随手拍，越夸张的传播越快，你要确保自己的每一张照片不能影响你的形象，比如你那个手放的位置不对，很容易被一下转发数千条。我说这我实在没办法，空调温度太低了，只要一冷，我就自动睡成捂裆派了，从小就这样。总不能我睡觉，雇几个保镖拦着不让拍照，这也太装逼了。

朋友还指出了一堆问题，比如随意让人合影，人家递过来什么都签，会留下隐患。我说不，人家如果递过来一百块人民币我就不签。朋友肯定道，不错，你还算有这个意识，我们行业里有明星在递过来的钞票上签字的，结果被网友骂死。破坏人民币肯定不好。我说不是的，是因为我不想把自己的名字和老毛放在一起。

朋友痛心疾首道，你看，你这种话又不能乱说，得罪的人太多。你在车队聊天也是这样，什么都说，而且常出脏话，你要知道，如果现场有一个不怀好意的，把你说的那些用手机录下来，放到网上，是很大的负面新闻。你知道当时帐篷里多少人，十八个，你都认识么？我回答说有几个不认识。朋友听筒差点掉地上：有几个不认识你就那么说话？你考虑过后果么？你一睡醒就和人合影，有一撮头发翘的跟天线宝宝似的，人家还开着闪光灯，照片效果可想而知。你看你衣服的配色，是很乡土的，最关键是，再不拘小节，裤子拉链还是要拉上的。总之，你太随便了，也没有一个专业点经纪人帮你，你如果不严格的对自己的形象进行系统的管理，就不能保持神秘感和名人的气质。你如果对自己有一个好的定位，有合适的人帮你运作和服务，调整一下你的社交圈子，你能赚的远比现在多很多。你告诉我，你打算怎么经营自己？你是怎么想的？

我说，整个周末只在想一个问题，我和对手差了零点三秒，我该怎么追回来？我能惦记着出门要穿衣服已经不错了，哪还顾得上搭配。

挂了电话，夜深人静，回想朋友所言，有些也对。我在帐篷里口无遮拦，

这个世界是有趣的

对所有人都没有设防，要是真有人偷拍偷录或者微博直播的，的确会惹麻烦。对陌生人的提防与否取决于你的出厂原始设定，我喜欢先把人设定成好人，再从中甄别坏人，有些人反之。但所谓的甄别方式其实就是被坑一次。我相信以诚相待，也相信倒霉认栽。

至于衣着，这个夏天我就买了十件白T恤，以往冬天我也就两件黑皮衣，鞋子就盯着那么一两双穿，我是去比赛的，又不是去比美的，赛车开砸了我在乎，衣服穿难看了我真不在乎。

我所理解的生活就是除了造谣以外，去造其他一切东西。我心中的造化，就是你创造了多少文化。既然30年前，我以一挑亿，跑赢了其他所有的精子，那么我必然生来就是牛逼的，我来到这个世上，总要留下点痕迹。我承认衣着光鲜，举止优雅也是一种对美好的创造，但这方面我不太拿手。我承认这个社会，很多人觉得你只要不说脏话，说点假话，空话，套话，造谣，大肆的造谣，疯狂的造谣都不算是道德败坏，但我觉得反之，并且还要对道貌岸然的傻逼们加一个操字，是的，这会让那些道德惊诧家们浑身颤抖，严厉批判，大呼小叫，满地打滚，然后突然起立，开始审判，解决之道就是再说一次，操。我就操了，但我既不操你也不操你全家，我操这世道，这世道觉得文绉绉的诬陷没问题，这世道让那些不说粗话但最缺德的人能做道德评判家，这世道让那些话不脏但心眼脏手段脏的人当道，这世道能任意颠倒黑白混淆是非，这世道觉得公众人物或者随便谁说一个操字就不应该，那就操翻这世道。

我所理解的生活就是做着自己喜欢的事情，养活自己，养活家人。生活它不是攀爬高山，也不是深潜海沟，它只是在一张标配的床上睡出你的身形。我也不觉得留有遗憾是一种缺憾美，相比之下，干砸了倒是一种美。我喜欢的事情远不止写点东西和赛车，我还做很多事，有些做的不够好，有些做的很失败，和朋友聊天时，我直接告诉他们，这事我特喜欢，也干过，但我真的不适合，丢人了。我就最讨厌听见有人这么说，要是我去干这事，一定比某某某干的好。滚。你在台面上看见我成功一次,我在台面下就干砸十次,那又如何,我又没死,不停的干就行了,人们只会记住你成功的那一次。

  我所理解的生活就是和自己喜欢的一切在一起,我曾经在快餐厅看上一个姑娘,犹豫五分钟,没敢去和人家说话,结果人家走了,我到现在都很遗憾。在那一刻,我就是白痴,我去了又如何,最坏的结果无非就是他男朋友从厕所里出来。哪天若要死了,遗憾这事没干,那事没干,还不如自吹这事干成了,自嘲那事干砸了。我现在干的事足够多,陪伴家人爱人和孩子,每年比赛接近二十场,又开始写新的小说和游记,除了偶然进棚拍杂志,其他时间真没有精力来捯饬自己,更没心思去考虑什么形象和定位的问题,觉得我观感欠佳的,挪步就是,我只负责制造作品,不负责用户体验,也没有售后服务,更不会根据大家的口味来改进。你若喜欢,便是晴天,你若讨厌,也是晴天。谢谢这位朋友给我的忠告和精心的设计,我知道我会为我的性格和生活方式吃无数亏,吞无数恶果,但至少大到理想,小到闪念,我几乎都没有放过,所以就算我的生活里充满挫败甚至后悔,但遗憾并不多。朋友,感谢你所说的一切,世间万千种宠爱,无数种人心,得之我幸,不得我也没什么不幸。但我只认可一点,就是出门再匆忙,裤子拉链还是得拉好。

无 题

韩 寒

这么多年来，一直是我脚下的流沙裹着我四处漂泊，它也不淹没我，它只是时不时提醒我，你没有别的选择，否则你就被风吹走了。我就这么浑浑噩噩地度过了我所有热血的岁月，被裹到东，被裹到西，连我曾经所鄙视的种子都不如。

一直到一周以前，我对流沙说，让风把我吹走吧。

流沙说，你没了根，马上就死。

我说，我存够了水，能活一阵子。

流沙说，但是风会把你无休止地留在空中，你就脱水了。

我说，我还有雨水。

流沙说，雨水要流到大地上，才能够积蓄成水塘，它在空中的时候，只是一个装饰品。

我说，我会掉到水塘里的。

流沙说，那你就淹死了。

我说，让我试试吧。

流沙说，我把你拱到小沙丘上，你低头看看，多少像你这样的植物，都是依附着我们。

冬雨

我说，有种你就把我抬得更高一点，让我看看普天下所有的植物，是不是都是像我们这样生活着。

流沙说，你怎么能反抗我。我要吞没你。

我说，那我就让西风带走我。

于是我毅然往上一挣扎，其实也没有费力。我离开了流沙，往脚底下一看，操，原来我不是一棵植物，我是一只动物，这帮孙子骗了我二十多年。作为一个有脚的动物，我终于可以决定我的去向。我回头看了流沙一眼，流沙说，你走吧，别告诉别的植物其实他们是动物。

这个世界是有趣的

修　鞋

马未都

　　林语堂先生好像说过，婚姻像一双鞋子，穿久了便会合脚。这话说的实在高明，所以让人印象深刻。林语堂是福建龙溪人，出身贫穷，当年与廖翠凤恋爱时，遭廖母反对。廖家当年是厦门鼓浪屿的首富，林语堂入赘廖家轰动一时。廖家在鼓浪屿的豪宅我参观过，两颗参天的大玉兰树绿荫婆娑；林语堂在龙溪（今漳州）的故居十多年前我也专程去拜访过，门前一望无际香蕉林让我在留言簿上写下"蕉林无语，却有名堂"八字。

　　在认识廖翠凤前，林语堂曾有过两个恋人。廖兄与林熟悉，请林来家中吃饭，席间林语堂觉得有一双眼睛在偷偷看他，这双眼睛便是廖翠凤。当廖母说林语堂家中很穷时，廖翠凤却坚决地说："贫穷算不了什么。"

　　林语堂与廖翠凤金婚50年的时候，林语堂将一枚胸针送给老妻，上面镌刻着美国人詹姆斯·惠特坎·里莱的名诗《老情人》，林语堂亲自将其译成五言：同心相牵挂，一缕情依依。岁月如梭逝，银丝鬓已稀。幽明倘异路，仙府应凄凄。若欲开口笑，除非相见时。林家三个孩子都说："世上找不到两个比爹妈更不相像的人。"林外向，廖内向；林随性，廖严谨；林火爆，廖抗压，但性格不同不妨碍他们相濡以沫，白头到老。如果此时再看林语堂关于婚姻如鞋那句名言的前半段，"所谓美满婚姻，不过是夫妻彼此迁就和习惯的结

冬雨

果",就会发现大师在讲道理。

我一双穿了许多年的鞋子的底突然断裂了,下雨时湿了袜子才发现。我让太太拿去修,我穿几天新鞋。新鞋虽合适但仍不舒服。太太费了好大的劲才找到一家修鞋铺,花200元换了底,我穿上后感到还是旧鞋合脚,继而明白了什么是林语堂大师说的婚姻。

这个世界是有趣的

"痴"与"才":追怀周汝昌先生

张颐武

周汝昌先生故去,老一代的学人已经随着岁月的流逝而凋零了。这是时间不可挽回的力量。周先生已经很长寿,他一生所经历的正是一个20世纪中国知识分子典型的历程,看他的自传,那些人生经历都没有什么不可思议之处。但他的不平凡在于他和《红楼梦》的一生的因缘,这让他在大历史的风云变换中有了一个不可替代的独特角色。正因为《红楼梦》在20世纪中国人的文化想象中的独特的位置和意义,让周先生的平凡的学人生涯有了极为不平凡的意义。周先生其实是20世纪后半期在中国内地的风云变幻之中能够延续中国传统的精神的一脉精华的人物。他的存在,其实让我们知道,在中国的大变动之中也还有许多不变的东西在延续和展开,一个民族的命运会有沉浮,但一个民族需要有些守候它的灵魂的人物,在自己的历史和文化的精神中沉醉并把它们呈现出来。周先生的意义其实正在于他以他的个体的力量感受和品味中国文化的瑰宝《红楼梦》,同时带给了我们一个丰富多彩的"红学"世界。没有周先生,20世纪后半期的中国的文化史会觉得寂寞,曹雪芹和《红楼梦》也会缺少知音。我一直有一个奇想,觉得《红楼梦》的境遇由于遇到了周先生,就和过去大不相同;当然周先生本人更是为《红楼梦》执着了一生。

周先生其实是我中学时的偶像,当年家里有一部旧版的《红楼梦新证》。

冬雨

那是文革时代，新书匮乏，翻父母藏书是我最大的爱好。那旧版繁体字竖排，读起来并不方便，也有些残破，但还是给了我很深的印象。尤其是那史事编年，把康雍乾三代的史事汇编在一起，有正史里的记载，也有野史笔记里的故事，生动得有如小说。那时就知道周汝昌先生。后来这部书又出了新版，在当时一纸风行，我家里马上买了，我又细读。里面有许多旧版没有的新内容，可以说是当时红学的集大成之作。从这部书我领略了"红学"的复杂，知道了红学其实并不仅仅是小说研究，而是有版本、家世、探佚为中心的庞大的系统，看起来琐屑，却自有其无穷的奥妙。外人看起来常常觉得走火入魔，里面有许多有趣的故事，如曹雪芹的小像的真伪，迷失了的"靖本"的神秘的故事，就如同福尔摩斯探案般传奇。这些都让我对于周先生充满仰慕之情。当年因为毛爱《红楼梦》，有该读五遍之说，所以红学是堂而皇之的显学。谈红是当时的流行文化。看周先生的书，当时有两个感觉到今天还有印象：一是绝不沉闷，可以将学术文章写得文采斐然，就是琐细的考证，也有引人入胜的笔法。二是融会贯通，周先生把《红楼梦》的版本，曹雪芹的家世，对于八十回后的情节的探究和艺术的品鉴文化的关怀融为一炉。让《红楼梦》的书里书外都"打通"了。从那时起，我就佩服周先生的无与伦比的博学和同样无与伦比的专注。从这以后，我就一直是一个自己不会说明的执着的"红学"的爱好者，我一直关注这门多少有些奇特的学问的发展，也一直沉迷在红学的是是非非之中，虽然在门外，从没有发表过什么东西，但就是如同张爱玲所说的"红楼梦魇"，被红学所迷，耗费了许多时间和精力。这其实让我能够更好地理解中国的丰富和复杂，感悟中国文化的博大和深奥。让我在自己的和当下相关的研究之外，多了一点中国的情怀和知识，这都是周先生给我的最初的启蒙的后果。

我还记得第一次见到周先生是在20世纪80年代初的北大，那时红学依然很热，中文系里有个研究红学的学生小组，其核心人物是后来因为写相声和情景喜剧而得大名却英年早逝的梁左。这个小组一度很活跃，也发表了一些文章。

这个世界是有趣的

我同班的同学马欣来就参加了这个小组。她当年也是深入红学之中的才女，高中时就在《红楼梦学刊》上发表过文章，这大概比后来的新概念作文更不容易。我们的少年时代正值"文革"后期，由于适合年轻人的文化没有发展，反而很快接触了许多成年人的文化，很容易就沉迷进去。他们请周先生来给我们做讲座。周先生当然还是谈红，他沉迷在红楼梦的意境之中，我还记得他念起《葬花词》时的陶醉。周先生讲话声音很小，也并不关注听众的反应，只是沉浸在自己的世界之中，他似乎是他的《红楼梦》中的人，那个世界对于他似乎比我们的现实更加现实，他其实更愿意在那个世界里做逍遥游。他如数家珍地讲版本说家世，都不是学者的职业的工作，而是和《红楼梦》的心灵的契合。后来我又在各种场合见过周先生多次，他的瘦弱的身体，衰退的视力和听力都不足以阻碍他的逍遥游。从这里看，周先生是活在自己的世界中的人。

周先生看起来温文儒雅，有传统儒者的风范，说起话来轻言细语，但在我看来性格其实是有很强烈和极端的一面，他其实有一点像我们揣想的曹雪芹或书里的宝玉，有一种为情而痴的气质。就是《红楼梦》里的"都云作者痴，谁解其中味"的那个"痴"。这种痴其实是一种强烈的性格，一种对于自己的所信所迷的强烈的坚持。而这种痴却是和他的才气结合得格外充分的，不光是痴迷和专注，而且有磅礴的才情，才能够支撑周先生在《红楼梦》中的神游。周先生的才气一直让人惊叹。他和钱钟书先生相似，原是学习外语的，却充满着对于中国文化的深彻的理解。周先生大才，曾经得到过胡适和钱先生都赞赏，他注杨万里诗，论书法和写诗词鉴赏都好。他自己的旧诗也好，最传奇的是拟作曹雪芹诗被其他的红学家当成真的，以为就是曹雪芹所作，最后周先生承认是自己拟作。但别人就是不信。痴和才就是周先生的灵魂。

在他求学的年代，他几乎是无所依傍地回到了中国传统之中。他有坚信，坚信中国文化的优越和美好，坚信中华文化的必然的复兴。他对于中国文化的强烈的信念让他把他的大关怀和多方面的才能都投射到一位在他心目中无与

冬雨

伦比的大才人曹雪芹和这位大才人所创作的《红楼梦》上，对于曹雪芹和《红楼梦》的专注让周先生把他的痴和才都集中在了这一个点上。其实周先生有这么多的才华，对于中华文化的壸奥（壸音捆，周先生曾经说过一位红学大家的文史功底不行，就举出这位学者把这个"壸"认作壶，其实是两个字）也深有体会，完全不必成为一个红学家，他的才可以让成为钱钟书先生一样穿越中西古今的巨人。周先生的英文极好，早年就翻译过陆机的《文赋》为英文。我就想过，如果周先生不纠缠在红学的那些恩恩怨怨是是非非，不被那些我们今天看起来相当琐细的小事耗费太多的精力，周先生的成就一定来得更大，他对于中华文化的理解可能更能流传下来。但我知道周先生不会做这样的选择，因为他的痴。但正是由于这种"痴"有他的"才"的配合，才不至于显得乏味和单调。周先生做考据就不是像一般没有才华的人那样把这当成死学问，而是用自己超凡脱俗的悟性去做考据。他好像一个诗人般地以自己的创造性和想象力来做实证的学问。周先生最让我这样的"红学"边上的爱好者佩服的地方就是他关于"曹宣"的考证。这是周先生的才气和史实结合的最好的证明，也是周先生最辉煌的考证。他是纯从推断提出了曹雪芹的祖父曹寅有一个兄弟叫曹宣，这是由于此人的字大家知道叫"子猷"，而由于诗经等书中"宣"和猷有关，于是推定此人名曹宣而不是大家都认为的曹宜。后来此事为后出的史料所证明了。这样的考证其实正好说明周先生纵横捭阖的才气和较劲求真的痴气。周先生其实是极端地追寻人生的两种极致的人物，他对于中华文化的大关怀，对于处于西方冲击之下的中华文化的持守使得他有极高远的文化视野；但他又异常地较真于细节，执着于考据。于是他把诗一样的大情怀和一丝不苟的考据结合起来。有些时候让人觉得有点过度阐释了。如在曹雪芹的家世方面，周先生力主"丰润说"，和"辽阳说"有剧烈的争论，甚至也和持不同说法的人有了人际关系上的芥蒂。其实曹雪芹是丰润人是五代以前的事情，其实和曹的写作没有什么干系，但周先生力持此说，是为了将曹雪芹和宋朝的曹彬的关系连上，

这个世界是有趣的

由此就可以看出曹雪芹和魏晋时代的曹家的联系。这其实是关系到中华的"诗礼传家"的大关节。而曹家以中原望族而为满洲奴,其境遇就更复杂,所以《红楼梦》的伟大就有了一个基因上的基础。这种想法,我们常会以为迂阔,其实真是周先生的一片诗心。他太爱曹雪芹和中国的文化了,他不能不做最恢弘的构想。

红学是现代中国最为奇特的学术空间。《红楼梦》一方面是传统的中国的文化的最为直接的呈现,它是中华文化的最为直接的体现。它的文本的丰富性是对于中国民族的文化上的美的最直接的体现。另一方面,它见证了传统与现代性的直接的延续。它又是一个现代性的文本。人们从现代的个人解放的角度阐发这个文本。可以说,《红楼梦》融汇了现代与传统的中国的复杂的情怀。而红学则在小说研究之外为现代性的学术提供了一个实际运作的范例。无论是版本还是家世或探佚都是这个传统与现代对接的一个方面。周先生的独特之处在于他对于这所有方面都有重要的贡献。最难得的是周先生的诗心和才气和他的学识结合的如此奇妙。

周先生去了,我们不会再有这样文采斐然的才子式的学者,一个把乾嘉的考据和现代的方法结合起来的充满了在压抑中的创造力的人物离我们远了。但周先生是现代中国的骄傲之一。他告诉我们自己的传统是弥足珍贵的,告诉我们有了《红楼梦》这个国家就有了一种真正精致和美妙的文化精神,是任何变化也不能改变的。周先生的境界不会再有,但我们还会认真读这些有趣的书,和周先生一起神游于《红楼梦》和曹雪芹的世界之中。

冬雨

职业战地记者之王拉赛尔

展　江

1895年，拉塞尔被封为骑士。12年以后，他作为"第一个也是最伟大的军事记者"，逝世后被葬在伦敦圣保罗大教堂。

1850年代以前，欧洲报纸是依靠军人来报道战况的。其效果自然不会令人满意，因为军人无法鸟瞰战争的全景，难以掌握瞬息万变的战局；另一方面，军人没有受过新闻专业训练，缺乏必要的写作技巧；再者，军队严格的保密制度也极大地限制了战争新闻的采写和发表。

英国《泰晤士报》一位黑头发的爱尔兰籍记者，改变了这一切，成为世界上第一名职业战地记者。他就是威廉·霍华德·拉塞尔（1820—1907）。《泰晤士报》于1785年11月创办时，本是一家无名小报，始称《寰宇纪事日报》，1788年1月1日起更名。《泰晤士报》的崛起是19世纪上半叶的事。1803年，该报创始人约翰·沃尔特（1739—1812）之子沃尔特第二（1776—1874）决意把报纸办成新贵族的喉舌，他委托主编大刀阔斧地推行改革，开始大量刊登国内外新闻，并声称该报独立于党派之外。

该报聚集了一大批才华出众、敢说敢干的报人，成为世界上势力最大的一家报纸。主编托马斯·巴恩斯（1785—1841）和约翰·德莱恩（1817—1879）

名声远播。在《泰晤士报》进入黄金时代之际,"日不落"帝国也处于鼎盛时期,米字旗飘扬在世界各地。为争夺奥斯曼帝国的遗产,制止沙皇俄国向西南扩张,从1853年开始,英、法两国与土耳其联手,同沙皇俄国兵戎相见。1854年2月的一个寒夜,《泰晤士报》主编德莱恩派人去通知该报军事记者威廉·霍华德·拉塞尔,让他随英国远征军去马耳他。这将是拉塞尔采访的第二场战争。1850年,30岁的拉塞尔报道了丹麦对石勒苏益格-荷尔施泰因(今德国最北部的一个州)发动的战争。陆军总司令哈丁勋爵不想得罪《泰晤士报》,他给将从南安普敦港出发的皇家禁卫军下命令,让拉塞尔随军行动。于是,拉塞尔上路了。到了马耳他,拉塞尔发现,大多数英军官兵用怀疑的目光打量着他,没有人为他作出安排。他只好登上一艘运兵船,前往今属意大利的加里波利。到了那里,部队已出发,拉塞尔活像个遗弃的孤儿。当英军旅长在巡逻中发现帐篷内住着一名记者时,遂命令部下将帐篷扯掉,扔出营地。尽管不受欢迎,拉塞尔仍然向伦敦发出了英军遇到了麻烦的准确报道。英军劳师远征,在同俄国人打仗之前,便被疾病和后勤问题折腾得够呛。4月13日,拉塞尔在加里波利写道:"我不得不报道的最糟糕的事,是病人一直得不到照顾。由于战地医院得不到给养,许多人正经受着在马耳他染上的疾病的折磨。他们被迫呆在寒冷的营地,身下只垫着一条毯子。"英国远征军司令兼联军总司令拉格伦勋爵不喜欢这些报道,当拉塞尔向勋爵的助手申请运输舰和给养时,得到的是嘲笑,拉塞尔写信给德莱恩,同时不忘详细叙述英军的悲惨境遇。德莱恩的回信使他满意:内阁传阅了他的信件,有关问题正由陆军大臣纽卡斯尔公爵处理。拉塞尔跟随英军前往今属保加利亚的瓦尔纳,这里共集结了英、法、土三国军队六万余人,英军为2.7万人。联军企图攻占俄国的克里米亚半岛,从沙皇手中夺取黑海制海权,于是便将矛头指向海军基地塞瓦斯托波尔。9月14日,拉塞尔随英军在塞瓦斯托波尔要塞以北25英里的叶夫帕托里亚以南地区

冬雨

登陆。联军的准备和组织工作十分混乱，运兵船不带粮秣，部队饥寒交迫。医务情况更糟，军医在今属罗马尼亚的康斯坦察，药品却在瓦尔纳。拉塞尔既没有住处，也没有口粮证。但他还是即刻投入采访，发出了登陆未遇抵抗的报道。当拉塞尔设法成为拉格伦将军队伍的一员后，一名军官骑马到他跟前说："先生，彭尼费瑟将军想知道你是何人，来此有何贵干。"他不得不向将军本人作解释。将军厉声说："你对这件事了解多少？我们投入战斗后你干了什么？"拉塞尔的回答直率得有些刺耳："我对这种事几乎一无所知，这是千真万确的。但我认为这里有许多人并不比我高明。"9月20日，联军在塞瓦斯托波尔以北16英里处的阿尔马河边的战斗中挫败了俄军。这天，拉塞尔在马背上度过了十多个小时，激动、疲劳和饥饿使他筋疲力尽，部队也拒绝提供伤亡情况和战斗进展情况的细节。但他必须在当晚写出报道，以赶上次日早晨的邮班。拉塞尔并没有渲染这一容易使人陶醉的胜利，却集中笔墨于披露联军的阴暗面。联军原计划从北面进攻建于1784年的塞瓦斯托波尔要塞，后获悉港湾出入口已被封锁，并过高估计了守军兵力，遂改变初衷，绕到塞瓦斯托波尔东南方向的巴拉克拉瓦，从南面进攻要塞。拉塞尔到巴拉克拉瓦联军驻地转了一圈，写下了最生动的一篇报道："就这个城镇本身而言。那里的污秽、恐怖行动、医疗状况、埋葬情形、死去的及生命垂危的土耳其人、拥挤不堪的小巷、散发着恶臭的棚屋、令人厌恶的贫民区、衰微破败的景象……这一切都无法付诸笔墨。死者毫无遮掩地被扔在那里，紧挨着活人躺着，而活人则呈现一种无法想象的情形。医院缺少最普通的辅助设备，恶臭几乎毫不费力地穿过墙壁和屋脊上的裂缝钻出来污染周围的空气。我所看到的一切是，这些人未曾接受一点抢救就死了……似乎是病人照料病人，垂死者照料垂死者。"到10月中旬，联军仍未发起反攻。拉塞尔写道："军官们咒骂医疗手段和设备的匮乏，500艘运输舰上睡满了垂死的伤病员。他向医务人员、尤其是护士发出了呼吁：

这个世界是有趣的

'在我们中间难道就没有肯献身的妇女能够并乐意站出来帮助那些有病痛、苦难缠身的士兵吗?'"一个与拉塞尔同岁、名叫弗洛伦斯·南丁格尔的女护士在伦敦被上面的字句所打动,组织了一支有38名护士的队伍加入了英国远征军。她在前线建立起医院管理制度,使伤病员死亡率直线下降,最终成为欧美近代护理学和护士教育的创始人之一。但是在南丁格尔到来之前,英军的情况糟糕透顶:"在部队的3.5万名生力军中。现在适应战斗的不超过1.65万名下级官兵。自本月10日以来,已有700名伤病员被送往巴拉克拉瓦。"这就是第二天即10月25日俄军所要进攻的对手。巴拉克拉瓦战役打响之日,拉塞尔写下了堪称史上最伟大的战地通信:"现在发生了使我们感到极为忧伤和悲痛的灾难……唐·吉诃德袭击过风车,但也没有像这些英勇的士兵那样鲁莽和轻率,他们连想都不想就向前猛冲,几乎肯定是白白送死……11时11分,我们的轻骑兵旅前进了。他们人数有限……607名骑兵。按照地面部队的人数,这个旅的全部人马几乎还不够组成一个有战斗力的团;然而,这也是我们所不能宽恕的。当他们冲向前线时,俄国人在右侧的多面堡垒防守地里向他们开火,滑膛枪和步枪一齐扫射。他们披着朝阳,在壮烈的战斗气氛中豪迈地向前冲锋。我们几乎不能相信自己的感官了!这寥寥无几的人决不会是在向掘壕据守的敌人冲锋吧?啊!千真万确是在冲锋……他们分两队前进,在接近敌人时加快了行进速度。人们无力支援,亲眼看着英勇的同胞投向死亡的怀抱,再没有比这幅情景更可怕的了。在1200码外,敌人突然全线开火,30张铁嘴里泻出潮涌般的烟雾和火焰,从中穿过的致命的子弹嘶嘶作响。齐射的子弹使人和马的尸体,受伤或无骑手的战马飞奔着穿过这块旷野。第一道战线被打垮了,第二线的人马又参加进去,他们一刻不停,也一刻不放慢速度。在俄国人设置的密度极高的30门大炮的轰击下,队伍人数逐渐减少,钢铁的闪光在他们头顶上形成了晕雾,他们的许多杰出的同伴临死时的呼叫声像是喝彩，于是他们飞快地冲进了枪林射出的硝烟中。但是，在他们尚未越出人们的视野以前，平原上已布满了人和马的尸体。他们除了面对滑膛枪的正面射击，还受到两边小山包上炮群的夹击。透过烟云，我们可以看到他们骑马向枪口冲去，在其间左冲右突，马刀闪闪发光，砍倒了站立的射手。我们看到他们冲垮了俄国人的一个步兵纵队，把敌人像干草一样驱散，然后又返回的情形。此时小山包上的侧翼炮群的火力向他们泻下，他们又像早先那样溃不成军。伤兵和摔下马背的人向我们飞奔而来，讲述了这件令人悲痛的事——我们没有做到的事，换成神仙也是做不成的。就在他们即将撤退的那一刹那，众多的骑兵持矛向他们侧翼冲来。第八轻骑旅尤舍韦尔上校看到危险后，带着手下的几个人策马扑向他们。虽然他冲了上去但是损失十分惨重。正当他们以难以置信的巨大勇气突破包抄他们的那些队伍时，发生了一件在现代文明国家间的战争史上前所未闻的暴行。在狂风暴雨般的骑兵冲杀后，俄国枪手们回到了自己的阵地上。他们看到自己的骑兵和刚刚骑马冲向他们的部队厮杀在一起，于是这些恶棍干出了使俄国的名字遗臭万年的事——向一堆搏斗着的人马倾泻葡萄弹和霰弹，使朋友和仇敌同归于尽。当那些英雄中可怜的幸存者回到他们迟迟才极其壮烈地离开的地方时，我们的重装备旅尽一切可能掩护他们撤退。

11时35分，在莫斯科人血污的阵地前面留下的只有死者和垂死者，除此之外再没有一个英国士兵了……我们的损失，即在今天两点钟时所能查清的人员死伤和失踪情况如下：607人参战，198人撤回，损失409人。"

《泰晤士报》于11月13日刊登了情节完整的通信，两天前发表了拉塞尔发回的一篇精于细节描写的报道。它使英国人沉浸在悲痛之中，因为英军是三国联军中的精锐部队；法国当时由昏庸的拿破仑三世统治着，土耳其已摇摇欲坠。到11月1日，联军已进逼塞瓦斯托波尔城下，预定18日发起总攻。俄军

这个世界是有趣的

总司令缅希科夫决定11月5日从要塞以东的因克尔曼高地先敌发动进攻。11月25日，拉塞尔是这样描写面对着俄军和严寒这两个敌人的英国部队处境的：现在大雨瓢泼——天色像墨水一样黑——大风在摇摇欲倒的帐篷上呼啸——战壕变成了排水沟——帐篷里的水时而深达一英尺——我们的士兵既没有保暖服，也没有防水衣——他们陷入冬季战役的不可避免的苦难之中——然而似乎没有一个人关心他们的冷暖，甚至他们的生命……同他们相比，成天在风雨中流浪于伦敦街头的可怜的乞丐过的则是王子的生活。《泰晤士报》主编德莱恩源源不断地抛出这些射向政府的炮弹，它以权威性的声音发出了警告：英军在几乎一枪不鸣的外国战场上正濒临死亡。德莱恩和拉塞尔遥相呼应，开展了一场拯救英军的运动。1855年1月23日，英国下院决定成立一个专门委员会，"调查我们在塞瓦斯托波尔城下的部队的状况以及那些负责向这支部队提供给养的政府各部的行为"。阿伯丁勋爵下台了，帕默斯顿继任首相。备受批评而不服气的拉格伦将军自己也一病不起。援军和给养、药品源源运抵战场，撒丁王国也站在联军一边。在联军登陆克里米亚一年以后，英国军旗终于在塞瓦斯托波尔上空飘扬。拉塞尔回国后，《泰晤士报》自豪地报道说，他受到了"以前任何一个新闻记者从未得到过的荣誉。"他得到了这样的赞语："唤醒英国人的良心，使他们同情英军所受的苦难，从而拯救了我们在9月间送去的那些伟大部队的残余。"拉塞尔对克里米亚战争的报道一度使维多利亚女王极为反感，并声称这样的记者必须被"逐出上流社会"。但是《泰晤士报》已建立起惊人的威望，日发行量增至六万多份，令其竞争者望尘莫及。"拉塞尔先生，我十分高兴地认识了你，并且在这个国家里见到了你。伦敦《泰晤士报》是世界上最强大的力量之一，而事实上，除了密西西比河以外，我不知道还有谁比它更强大。"1861年初，美国总统亚伯拉罕·林肯对前来采访美国内战的拉塞尔如是说。美国内战是拉塞尔采访的第五场战争。从克里米亚归国没几天，拉塞尔曾奔赴印度报道了英军对印度士兵起义的镇压。1859年，他又报道了法国和撒丁王国在意大利伦巴第大平原上同奥地利进行的战争。他还分别于1866年、1870年、1883年采访报道了普奥战争和普法战争。1884年，在他64岁的时候，他作为战地记者报道了所采访的第十场战争。然而拉塞尔的名字却总是被人们与克里米亚的硝烟和灾难联系在一起。那场战争结束以后，俄军司令官米哈伊尔·戈尔查科夫曾写信回答他的询问，戈尔查科夫写道："你的那些令人钦佩的信件是精心之作，文章优美动人。"1895年，拉塞尔被封为骑士。12年以后，他作为"第一个也是最伟大的军事记者"，逝世后被葬在伦敦圣保罗大教堂。

"神探"狄仁杰的从政史

金满楼

起于基层的断案高手

狄仁杰生于官宦之家,祖父狄孝绪曾任贞观朝尚书左丞,父亲狄知逊曾任夔州长史。小时候狄仁杰是个读书种子,据说某次他家发生命案,全家人都在接受县吏质询,唯独狄仁杰仍坐在书房埋头读书。县吏见后很生气,说:"你这娃,发生这么大的事,咋就丝毫不为所动?"狄仁杰头也不抬,说:"正在书卷中与圣贤神游,哪有空理会你们俗吏!"

县吏面前对答如流,风度够酷的狄仁杰后来果然科场得意,他长大后通过明经科考试,随后出任汴州判佐。判佐是从八品的司法官,官不大,麻烦还挺多,上任没多久,狄仁杰就被人诬告。好在受理案子的是历史上著名的画家兼工部尚书阎立本,他在弄清事件真相后,发现狄仁杰是一个德才兼备的难得人才,并亲自写推荐信,称其为"河曲之明珠,东南之遗宝",于是狄仁杰因祸得福,走马并州任都督府法曹。

职位虽然不高,但狄仁杰干得是有声有色,就连同事也称赞他说:"狄公之贤,北斗以南,一人而已。"古天文学说,皇帝为紫微星,北斗七星即诸侯大臣之比喻,上一段话的意思就是,像狄兄这样的贤能之士,北斗星以南,仅一人而已。此时狄仁杰不过是个七品官，其同事竟然看出他有宰相之才，堪称眼光独到。

在地方上摸爬滚打了近20年后，狄仁杰于唐高宗上元二年（675）调任大理寺丞。大理寺丞主要负责京师案件，同时复核全国各地的判案，品级不高但职责重大。上任后，狄仁杰用一年时间将历年积压的案件全都清理干净，涉案的一万七千多人，有罪无罪，各有所归，事后竟无一冤诉者。

神了！这下真是不鸣则已，一鸣惊人，狄仁杰断案如神的名声一下传遍九州，成为朝野上下推崇备至的大法官。尽管史籍中没有留下这些案子的具体细节，但有一点恐怕不能否认，那就是，狄仁杰的从容断案，与其20年的基层司法工作经验有着密切的联系。

为官正直，方能断案公道。仪凤元年（676），左卫大将军权善才、左监门卫中郎将范怀义误砍昭陵（唐太宗陵墓）柏树，唐高宗大怒，令处死。作为主管官员，狄仁杰冒死上谏，称其罪不当死。高宗怒道："权善才等使我为不孝子，必杀之！"狄仁杰神色淡定，从容辩曰："当年有人盗高庙玉环，汉文帝欲灭其族，张释之当廷面争：'若是有人动了长陵一抔土，又该当何罪？'汉文帝悟，罪止一人。如今，陛下因误伐了昭陵的一株柏树而要杀两个大将军，后世又将如何评价陛下？何况，权善才两人依律罪不至死，而陛下坚持要杀，法律何以取信于人？我若奉命杀了两位大将军，那才是陷陛下于不道呢。"高宗听后，意虽怏怏，仍免死二人。不久，狄仁杰被调为侍御史，开始从政议政。

武后宠幸的全能大臣

或许是因为老乡的关系，武后对狄仁杰最为宠信（同为并州人，今太原）。某次政务之余，武则天问他："从前有人诬告你，你想知道这人是谁吗？"狄仁杰答："他告发我，想必也有他的道理。我是有则改之，无则加勉，无碍大局。如果我现在知道了他是谁，不免对彼此共事不利，所以还是不知道为好。"武则天听后，大为感叹。

武则天垂拱二年(686)，狄仁杰出任宁州刺史。当时宁州各族杂处，稍有不慎，就会激起民变。狄仁杰到任后，注意妥善处理边疆游牧半游牧民族与汉人的关系，"抚和戎夏，内外相安，人得安心"，离任时，郡人为之勒碑颂德。不久，狄仁杰升为冬官侍郎，充江南巡抚使。南下后，狄仁杰发现"吴楚多淫祠"，遂奏请焚毁祠庙1700余所，唯保留夏禹、吴太伯、季札、伍员四祠，大大减轻了当地民众的负担。

垂拱四年(688)，博州刺史、琅琊王李冲起兵反对武则天当政，豫州刺史、越王李贞响应，兵败后，武则天派狄仁杰出任豫州刺史。当时，受本次叛乱而株连者有六七百人被监押，籍没者多达五千余人。狄仁杰深知这些人大多不是自愿，于是上疏武则天："此辈咸非本心，伏望哀其诖误。"武则天依议特赦了这批死囚，改杀为流，稳定了豫州局势。

天授二年(691)，狄仁杰被任命为地官侍郎同凤阁鸾台平章事，由此开始了宰相生涯。不久，契丹陷冀州，河北震动，武则天命狄仁杰为魏州刺史，驱虏保民，当地人为之立祠。之后，狄仁杰再转幽州都督，武则天赐紫袍、龟带，并亲制十二金字于袍上，以旌其忠。

地方安靖后，狄仁杰仍回到京城，拜鸾台侍郎，复同凤阁鸾台平章事，后又兼任右肃政御史大夫。但没过多久，突厥骚扰边境，杀掠甚众，狄仁杰再次充当"救火队员"，出任河北道行军元帅，击退敌军，安抚民众。

久视元年(700)，狄仁杰升为内史（中书令）。是年秋天，武则天欲造浮屠大像，预算高昂，宫不能足，于是诏令天下僧尼日施一钱以助。狄仁杰上疏谏阻："如来设教，以慈悲为主。岂欲劳人，以在虚饰？比来水旱不节，当今边境未宁。若费官财，又尽人力，一隅有难，将何以救之？"武则天听后，打消了这个念头。此时，离狄仁杰去世已为时不远。

冬雨

承前启后的大唐功臣

断案如神，为官四方，这些还只是民间声誉，对狄仁杰来说，其一生最重要的活动恐怕还在于兴复李唐皇室。为实现这一目的，狄仁杰想方设法对武则天施加影响，以改变其对两个儿子（唐中宗李显、唐睿宗李旦）的看法，让这两位"失业皇帝"尽快摆脱被囚禁的境地。

有一次，武则天和近臣们谈起一个梦，说她梦见一只大而美丽的鹦鹉，但奇怪的是，鹦鹉双翼已折。狄仁杰乘机回奏说："臣以为，那只大而美丽的鹦鹉就是陛下自己，因为陛下姓武；两翅，就是陛下的两个儿子（即李显与李旦），现在他们都被囚禁，所以鹦鹉的两翅折断。没有翅膀的鹦鹉不能飞翔，如陛下起用皇子，鹦鹉就能飞翔了。"

圣历元年（698），武则天之侄武承嗣数次游说太后，请立其为太子。武则天犹豫不决，狄仁杰劝她说："姑侄母子，哪种关系更为亲密？我只听说儿子当了皇帝，母后可以千秋万岁配食太庙，从没有听说侄儿成为天子后，会在太庙中供奉姑妈的。"武则天听后脸色一沉，说："此朕家事，卿勿预知。"狄仁杰仍从容答道："四海之内，孰非皇土？何者不为陛下家事！君为元首，臣为股肱，义同一体。况臣位备宰相，岂得不预知乎？"或许是狄仁杰的冒死进谏打动了武则天，被贬为庐陵王的李显最终得以还宫，重为皇嗣。

任宰相期间，狄仁杰举荐了一大批优秀人才，如张柬之、桓彦范、敬晖、姚崇等，时人称赞说："天下桃李，悉在公门矣。"狄仁杰则自谦道："荐贤为国，非为私人也。"一时传为美谈。这些人中，最为出名的莫过于张柬之。某次，武则天问狄仁杰，你看有没有什么人，比较适合当丞相的？狄仁杰回答说，荆州长史张柬之。武则天听后，将张柬之提为洛州司马。过了几天，武则天又问狄仁杰，你看谁有将相之才？狄答，张柬之。武则天说，我这不已提拔他了吗？狄答，我推荐的是丞相人选，不是司马人选啊！武则天大笑，张柬之不久即升为丞相。果然，狄仁杰没有看走眼，后来拥李显复位的不是别人，正是张柬之。

久视元年（700），狄仁杰病故，武则天闻讯叹息："朝堂空也！"后赠文昌右相，谥"文惠"。唐中宗继位后，追赠司空。唐睿宗即位后，再封为梁国公。后世称狄仁杰为"狄梁公"，即由此出。

冬雨

历史学的意义

马 勇

中国具有悠久的历史学传统，即便从孔子算起，中国历史学也有几千年的历史了，走过了一个漫长道路，积累了一笔宝贵的财富，支撑着中国人的精神生活，成为中国人的宗教。只是到了最近几十年，中国人的历史意识淡薄，无神论、唯物论宣传，使相当多的中国人既不怕地狱，更不怕历史。这是中国文明的悲剧。

史学本质

孟子说，孔子作《春秋》而乱臣贼子惧。就是说，历史记录尊重事实，不隐恶，不溢美，那么历史学功能必然彰显，必然起到警醒、警示作用。

根据儒家的观点，中国人从来不相信此生永存，但中国人从来相信精神不死。孔子"立德、立功、立言"的教诲，其实与东西方宗教具有类似功能，教导人们理性主义看待过去、现在与未来，知道此生短暂，只是一个过程，即便享尽荣华富贵，最后也不过是一堆黄土。一个人的真正价值与意义是精神不死，能以精神持久影响社会，影响人类历史。

儒家思想影响下的理性主义使中国历史学从一开始就信奉真实，相信真实是历史学存在的意义，也是历史学为学的根本价值。许多研究者在研究《春秋》及其三传时，注意到"一字之褒贬"，注意到孔子及其弟子的价值取向，因而怀疑历史学的科学性，怀疑历史记录的真实性。

确实，在相当程度上说，历史学是主观性最强的学问，是对人类智慧的终极考验。历史学的研究只能逐步接近历史真实，即便是昨天刚刚发生的事，历史学也没有办法真正复原，更没有办法像实验科学那样重新实验。读者、听者是否认同历史学家的分析、判断，主要的就看研究者的结论、记录能否合乎历史与逻辑的一致。历史学无法重建一个完全真实的历史场景，但历史学永远都以还原历史，回到现场，达到历史与逻辑的一致为基本学术诉求。

以"董狐直笔"真实记录历史，是中国历史学的优良传统，中国史学史上的任何曲笔，甚至像司马迁、陈寿等人那种因某些私人原因的部分曲笔，也依然会被史学史揭露、唾弃。中国历史学不认同先入为主的政治偏见、私人意气，更不会因为什么政治立场、党性原则去曲解历史。真实，是历史学存在的依据，是历史学的生命，不真实的历史说教只是说教，不是历史。一切曲笔在历史的长河中终究会被揭穿，只是时间迟早而已。

资治、通鉴

历史学的功能、意义，当然需要书斋学问，需要扎实、细致的考订功夫，需要心无旁骛，需要价值中立。如果没有这样的功夫，没有这样的积累，历史学就不会被人们尊奉。曲笔的历史作品，或许能够赢得一个时代的虚假喝彩，但假的就是假的，假的终究不是真的。

但是，不论中国，还是西方，历史成为一种学问，除了弄清历史真相，记录历史事实外，还有一个重要功能是资治，是通鉴。是用历史教训指导现实，是告诉人们在从事创造时，要有大关怀、大视野，要放在历史长河中通览、通鉴。

有一句老话说，太阳底下没有什么新鲜事。历史，就是人类不断重复的过程。我们过去太过于相信"线性进化论"了，总以为我们今天比古人聪明，总以为我们现在比古人幸福，也总以为我们每时每刻都在创造着历史，前无古人后无来者，史无前例。其实，反观过去几千年可以检索的历史，我们应该相信章太炎的分析，善亦进化，恶亦进化，俱分进化，有古今之别，无古今之异。我们今天比孔子、孟子、亚里士多德、柏拉图知道的更多，这不是我们比他们更聪明、更博学，而是我们生的比他们迟。

幸福的日子就是不断重复，今天的太阳和昨天一样灿烂，明天的太阳还应该像今天一样。只有不幸福的日子在不断改变，各有不同。因此，常态的历史进程，除去那样外在的要素，诸如王朝的姓氏，政党的称谓，特殊的政治历程，如果从一般历史情形去观察，今天的故事可能就是昨天的重演，除了换了演员，场景、情节、结局，似乎都没有多少新鲜。

熟读历史，不会轻言历史性的创造；熟读历史，应该能够为现实提供某种借鉴。孔子、司马迁、司马光，中国历史学家大都相信资治，相信通鉴，即便是比较纯粹的书斋学问，假如深究起来都有现实的大关怀。

预知未来，参与创造

历史学是一门关于过去的学问。老话说，无聊便读书。好像历史学就是一门消极的学问，是历史学家在现实生活中的无奈选择。这种观点在过去的中国或许是真实的，但在现代学科建立后，显然不能这样看。历史学不仅记录历史，研究历史，而且预知未来，参与历史的创造。历史学家不再是失意政客无聊之后的消遣，而是有识之士、饱学之士的职业，是一项与政治家、企业家、教育家等职业选择大致相同的选择。

这个世界是有趣的

其实，在古典中国历史学家的眼中，并没有消极地将历史学视为一种无聊的学问，孔子知道之不行，退而修《诗》《书》，订《春秋》，让乱臣贼子惧。这既是孔子对历史学的定位，也是孔子以历史学为工具积极介入生活，影响政治，进而影响历史。此后，不论是司马迁，还是司马光，直至现代中国的马克思主义史学家，他们可能在一些重大问题上有不同看法，但他们以历史学为工具服务于社会，影响政治，应该说一脉相承，精神一致。

用历史学影响政治，参与创造，当然要防止"史学为政治服务"悲剧重演。史学沦为现实政治的婢女，是中国历史特殊时期的一个特例。在中国更久远的历史时期，其他的学术可能不甚独立，唯独历史，即便在极端专权的帝王面前依然保持着不屈不服的性格。中国的政治架构需要一个独立的史官制度，独立的史官制度反过来保证了中国政治架构有用、有效，假如历代帝王都像那个特殊时期要求史学家只为帝王唱赞歌，那么中国在过去两千年，就不可能创造辉煌的历史学成就。

独立的史官制度保证了中国政治架构顺畅运行，历史学在不知不觉中参与了历史创造。一个稳定的，甚至是"超稳定"的中国政治架构，没有历史学的参与是不可想象的，也是不可能成功的。因此我们可以大胆地说，真正的历史学不仅仅在于记录历史，研究历史，而且还在于参与历史创造，在于通过历史了解过去，服务现在，预知未来，为人类为中国指出一条通往光明的路。

冬雨

画到胡子白了——宫崎骏是怎样炼成的

萨　苏

"以前，我曾经因为说要退休引起了一些骚动，不过这一次我是认真的。"2013年9月6日，宫崎骏在宣布退休的记者见面会上说出这句话，目光在镜片后闪动，白色的胡须轻轻颤抖，让我们想起了另一个也是留着连鬓胡的影子。

那是乔布斯，一位把一个个后辈熬得过气的IT界鬼才，已经在2011年离去。如今，同样让漫画界的年轻人看着后背却追不上的宫崎骏，也发出了告别之词。

苹果的乔布斯、动画的宫崎骏，他们有着同样敏锐的触觉和过人的智慧，都有无数追随者和改变世界的力量——乔布斯用"I"，IPhone和Ipad的"I"；宫崎骏用"爱"，《千与千寻》和《龙猫》的"爱"。几乎所有被他们作品所影响的人物都会承认——世界少了他们，多少会变得有些暗淡无聊。

好在，宫崎骏只是想换一个活法而已，并不是真的离去。他说他只是觉得随着年龄的增长，自己的绘画变得越来越慢，所以不得不告别制作大型动画而已。"我有一些一直想去做的事情，只是它们和动画没有什么关系。"

虽然他说过自己还想再干十年，没有人知道宫崎骏的目标是什么，只有一件事情大家不会争议——宫崎骏要做的事情，一定十分精彩。

这个世界是有趣的

和乔布斯一样，宫崎骏是一个在年轻的时代引领潮流，在年迈的时代同样引领潮流的人，在他们的职业生涯中，变革总是在不断进行，仿佛生命的律动。在篮球巨星艾弗森的自传《我心无畏》中，可以看到那样的一句话，"有些人一出生就注定是英雄。"

这仿佛也是在说宫崎骏。

孟子曰："天将降大任于斯人也，必先劳其筋骨，饿其体肤。"如果这句话是真理，宫崎骏的童年无疑是对它很好的诠释。宫崎骏，1941年出生于东京。就在这一年12月7日，日本偷袭珍珠港，引发了太平洋战争。仅仅半年之后，美国空军名将杜利特尔率队从大黄蜂号，企业号航空母舰上起飞，首次从太平洋方向轰炸了包括东京在内的日本本土。从此以后，"轰炸"便成为东京人的家常便饭。幼年的宫崎骏很早就在惊惧中开始了军事疏散生活，被送到当时较为荒僻的宇都宫，并在那里一直生活到小学三年级。而他的家庭则参与了日本航空兵飞机的制作。虽然家境还好，物质上并无匮乏，但几年颠沛流离让宫崎骏的童年难免有些破碎。直到战争结束，他才回到东京继续上小学。此后宫崎骏学业顺利，考取了当时久负盛名的学习院大学，但战争的苦难和阴影似乎给宫崎骏留下了太多的印象，使他终生成为一名反战主义者。他在早期作品《萤火虫》中，真切地体现了幼年宫崎骏对战争的印象，也表达了他对战争的痛恨。

而这段深入苦难的生活似乎也预示了宫崎骏此后生命历程的另外一面。他从不会回避或远离现实，总是积极地投入生活，投入社会，勤于思索并对各种事务总有自己的看法，以一种积极入世的态度面对世俗的一切，从政治到流行。早年的宫崎骏和三岛由纪夫一样体弱多病，不擅长体育项目，但却通过大量而不懈的锻炼，终于具有了一副健康的体魄。或许这种不离红尘的态度，让他的作品天然具备对普通民众阶层的吸引力。

冬雨

在回到东京以后，小学中的宫崎骏被称为"爱书家"，并且被记载已经开始在绘画上表现出色。然而，那时的宫崎骏并没有固定的努力方向。开始，宫崎骏钟情于漫画，《铁臂阿童木》的作者手冢治虫，以及杉浦茂，福岛铁次等漫画家是他崇拜的对象。甚至到了学习院大学，他所学的专业也是最接近漫画的"儿童文学"（当时还没有漫画专业）。看当时的情况，如果他发展成一个藤子不二雄去画机器猫，一点儿也不会令人奇怪。但是，一次偶然的机会，开始让他渐渐疏离漫画，和动画结下了不解之缘。

那是宫崎骏在都立丰多磨高等学校学习的时代，当时他的身体不太好，但到了第三学年，经济条件不错的情况下，开始找机会去电影院一饱眼福。一部从中国进口的故事《白蛇传》1958年被东宝映画电影制片厂改编成动画片，让宫崎骏大为倾倒。宫崎骏认识到，用来表现一个完整的故事，同时拥有声音和活动影像，但又可以充分发挥想象的动画是一种比漫画更好的表达方式。

在大学时期，宫崎骏被将来做漫画还是动画的问题困扰许久，他还尝试过制作木偶剧。最终，喜欢讲一个完美故事的想法，加上《白蛇传》留下的深刻印象，让宫崎骏最终决定还是选择动画作为自己的事业。

事实证明，这是个正确的选择。

因为无法掩饰的才华，宫崎骏在大学期间就被东映动画公司看中并内定，毕业后进入这家公司开始了自己的动画生涯。

仿佛命运认为自己帮助宫崎选择了正确的行当，又给他提供了一张安定的画桌已经干得足够多，此后宫崎骏似乎一度离开了命运之神的青眼。他这个时代最欣赏的动画作品是苏联的《雪女王》，这种爱好也给他带来了对于左翼和社会主义的兴趣。宫崎骏在东映动画公司的最初几年，事业上成就一般，却在忙于从事工会斗争，并担任该公司"劳动组合"的书记长。

如果说人生有拐点，对宫崎骏来说，1965年可算重要的拐点之一，这一年，他和同一公司的女同事太田朱美举行了婚礼。根据宫崎骏自

这个世界是有趣的

己所说，结婚之前，他的生活很不规律，一天通常只吃两餐，体重57公斤，结婚以后，才得以过上一日三餐的日子，体重也骤然升到60公斤，甚至也有超过70公斤的时候，害得他不得不节食锻炼。"那时候照镜子我觉得自己仿佛一头丑陋的猪"，宫崎骏打趣道："这不知道是我家太太在帮我还是她的某种阴谋。"其实宫崎太太十分贤惠，为他提供了一个安适的家庭与稳定的后方，使宫崎骏能够在事业上吹响前进的号角。结婚会给一个男人带来责任感，两个孩子则让当爸爸的变得稳重，宫崎骏婚后逐渐把目光放回到事业上，开始了一系列探索。

他在这个时候与后来的长期搭档高畑勋，小田部羊一经过磨合建立了稳定的组合。应该说，这个组合是颇有实力的，但他们共同制作的大型动画《鲁邦三世》并不成功——这是一部放映后收视率低迷的片子。

事后证明，鲁邦不是一个错误的选择，3个人的技巧也足以让他成为一个不朽的形象。至今每年几乎都有新的鲁邦剧场版或特辑面世，长盛不衰。当时收视率低迷的原因还是那句老话——"领先世界半步是天才，领先一步就是疯子"。宫崎骏在这部作品中大胆尝试，对原作进行了大量修改，使其面目全非，这其中的妙处愚钝的时人要经过十年才会理解。

好在宫崎骏不是真的疯子，他很快领略到了"领先一步"的苦恼，在3人随后合作的《阿尔卑斯少女》中回到了"领先半步"的状态。结果，这部作品大获成功，收视率超过26%，成为宫崎骏第一步里程碑式的动画。这期间，他还实际担任了《来自未来的柯南》之导演名义上是策划，但因为宫崎骏起到了导演的作用，该片一直没有设置导演。这部影片塑造的"少年神探柯南"形象如今已经家喻户晓。

没有人注意到动画片里的柯南已经与原作大相径庭，风格从悲怆一改为明快，产生了更大的魅力。面对商业要求能够柔软妥协的宫崎骏，在艺术上执拗地坚持天马行空的风格，1981年，他试图制作一部新的动画片，却被投资方拒

冬雨

绝,理由是没有原作。好在宫崎骏本来就是画漫画出身的,面对古板的日本社会,从1982年开始宫崎骏开始自己绘制这个以少女娜乌西卡为主角的故事,在漫画杂志上连载——当然,他后来成功地把这部作品变成了漫画,这就是著名的《风之谷》。

1985年在德间书店的投资下,宫崎骏联合高畑勋共同创办了吉卜力工作室,成为这位动画天才创作的泉眼。从1983年的《龙猫》到1989年的《魔女宅急便》,从1992年的《红猪》到2001年的《千与千寻》,到宫崎骏的收山之作《风起了》,无一不是诞生于此。

有趣的是,单看题材,很难说出宫崎骏的固定风格。他一生追求变化,曾多次表示"干吗要做重复的事情呢?"故此每部作品都充满了探索的意味。

那么,宫崎骏的成功是源于变化吗?

这是一个有趣的问题。其实欧美快餐式的动画片中变化更丰富。但是,宫崎骏偏偏能够作为东方的代表,在动画艺术上与整个西方世界达成某种平衡,其诀窍肯定不完全在变化。

事实上,宫崎骏的动画有着不同的风格,却有着同样的内涵。

首先,宫崎骏的作品永远以孩子作为观看主体,他表示世界已经够糟糕的了,人们总要有个地方休憩,他给大家的选择就是自己的动画。因此,宫崎骏的动画中没有过分的喧嚣,总是给人舒缓优美的意境。这无疑让他丧失了快餐文化中用呐喊的噱头吸引观众的优势,但正体现了宫崎骏作为一代大师的自信,也许观众因为他的作品缺乏血腥和刺激而错过,那不是宫崎骏的错,而是没有看的人的遗憾。

其次,他会"善待"每一个作品,每一个题材。他选择了最顶尖的久石让为其动画制作音乐,让片子的已经更加通明洞彻。他每一部作品都要投入全力,以至于完全无法在完成一部作品后立即投入下一部。对变化的追求和想象力方面,也许有人可以和宫崎骏匹敌,但如何一丝不苟地把自己的想象力落实

这个世界是有趣的

到纸上,宁可晚上几年出品也决不粗制滥造,就少有人能和宫崎骏相比了。这种心力交瘁,也是宫崎骏决定退休的一个重要原因。在这个浮躁的世界里,宫崎骏可说是一道独特而沉静的风景线。

几年以前,宫崎骏便表示过退休的想法,他说自己66岁以后手的握力比以前少了一半,用的笔已经从HB转成了更软的5B。结果,他又画了5年。

画到胡子白了,这份令人感动的坚持,或许就是宫崎骏练成的奥秘。

图书在版编目(CIP)数据

这个世界是有趣的 / 刘明清,孟波主编. —北京：中央编译出版社,2014.1
（此间中国）
ISBN 978-7-5117-1980-5

Ⅰ.①这… Ⅱ.①刘… ②孟… Ⅲ.①社会科学-文集 Ⅳ.①C53

中国版本图书馆CIP数据核字(2013)第302165号

出 版 人：刘明清
出版统筹：董　巍
选题策划：腾　歌
责任编辑：董　巍　腾　歌
责任制作：尹　珺
出版发行：中央编译出版社
地　　址：北京西城区车公庄大街乙5号鸿儒大厦B座(100044)
电　　话：(010) 52612345 (总编室)　　　(010) 52612350 (编辑室)
　　　　　(010) 66130345 (发行部)　　　(010) 52612332 (网络销售部)
　　　　　(010) 66161011 (团购部)　　　(010) 66509618 (读者服务部)
网　　址：www.cctpbook.com
经　　销：全国新华书店
印　　刷：河北下花园光华印刷有限责任公司
开　　本：787毫米×1092毫米　1/16
字　　数：150千字
印　　张：13
版　　次：2014年1月第1版第1次印刷
定　　价：39.00元

本社常年法律顾问：北京市吴栾赵阎律师事务所律师　闫军　梁勤
凡有印装质量问题，本社负责调换。电话：010-66509618